개정판

초등학교 선생님들이 만든

교실에서 바로 써먹는 보드게임 A-Z

홍미영 · 김자경 · 윤재경 · 박준영 · 박원지 · 장정인

박영story

들어가며

교육의 본질은 학생들의 적극적인 참여와 흥미를 통해 효과적인 학습을 이끌어내는 것입니다. 현대 교육에서는 다양한 교수법과 학습 도구를 활용하여 이러한 목표를 달성하고자 하며, 그중에서도 보드게임은 독특하고 강력한 교육적 도구로 주목받고 있습니다.

우리 경북놀이교과연구회는 2022년부터 초등교육 현장에서 보드게임의 교육적 가치와 적용 가능성에 주목하게 되었습니다. 현재 40여 명의 현직 초등학교 교사들이 모여 보드게임을 활용한 수업 방법을 연구하고, 그 노하우를 나누며 서로 피드백을 주고받고 있습니다. 또한 우리는 이와 관련한 각종 교육 사업 및 행사에 적극적으로 참여하며 실제 교육 현장에서의 적용 경험을 쌓아 왔습니다.

게임을 통한 학습은 학생들의 흥미를 자연스럽게 유발하고, 능동적인 참여를 이끌어내며, 다양한 인지적, 사회적 기술을 향상시킬 수 있는 잠재력을 지니고 있습니다. 우리는 이러한 보드게임의 장점을 활용하여 다채로운 학생 중심 놀이 수업을 만들고, 궁극적으로는 학생과 교사가 모두 행복한 학급을 만드는 데 기여하고자 합니다.

이 책은 우리 연구회가 수년간 진행해 온 연구와 실제 교실에서의 적용 경험을 바탕으로 작성되었습니다. 우리는 다양한 교과목에서 보드게임을 어떻게 교과 수업에 효과적으로 활용할 수 있는지, 그리고 이를 통해 어떠한 교육적 효과를 얻을 수 있는지에 대해 깊이 있게 탐구하였습니다.

이 책의 주요 독자층은 현직 초등학교 선생님들 및 보드게임을 활용한 수업에 관심이 있는 모든 교육 주체입니다. 특히 보드게임에 대해 잘 모르는 독자들도 이 책을 읽고 바로 수업에 보드게임을 적용할 수 있도록 구체적이고 실용적인 내용으로 구성하였습니다.

이 책을 통해 독자 여러분께 보드게임을 활용한 실제적인 교수 방법을 소개하고, 수업에서 즉시 적용할 수 있는 구체적인 방법과 팁을 제공하고자 합니다. 또한, 보드게임을 통한 학습이 학생들의 비판적 사고력, 문제 해결 능력, 의사소통 능력, 협동심 등을 어떻게 향상시킬 수 있는지에 대해서도 자세히 다루고 있습니다.

우리는 이 책이 교육자 여러분께 실질적인 도움이 되고, 더 나아가 학생들의 학습 경험을 풍부하게 만드는 데 기여할 수 있기를 희망합니다. 보드게임을 통한 학습의 여정이 여러분과 학생들에게 즐거움과 성장의 기회가 되고, 궁극적으로는 모두가 행복한 교실을 만드는 데 도움이 되기를 바랍니다.

책 사용 설명서

목차의 구성

7) 스피드 게임으로 상식을 겨뤄보자! 블리츠
8) 주제를 보고 관련 단어를 연상해 보자! 워드 캡처 ©
9) 척하면 척, 눈치를 발휘하여 답을 맞혀 보자! 워드 캡처 티키? 타카! ©
10) 그림 카드를 이용한 이야기 만들기! 이야기톡

목차에 ©가 있다면 수업에 활용할 수 있는 빈 카드 양식이 포함되어 있다는 뜻입니다.
본문에 있는 QR코드로 접속해 다운 받아 수업에 사용해 주세요.

빈 카드 양식 자료 다운로드 방법 예시

빈 카드 양식 활용하는 방법

1) 빈 문제 카드를 컴퓨터로 편집하여 프린트 후 바로 사용하는 방법
2) 빈 문제 카드 자체를 편집 없이 프린트 후 코팅하여 마카펜으로 문제 카드를 작성하는 방법

↳ 해당 방법을 사용하면 아이들이 직접 문제 카드를 만들 수 있을 뿐만 아니라 사용 후, 글자를 지우고 재사용할 수 있어 활용도가 높습니다.

문제 카드 양식을 바로 내려받을 수 있는 QR 코드 →
※ 두꺼운 A4 종이에 양면 인쇄하는 것을 추천합니다.

기존 카드와 교과 학습 문제 카드를 섞어서 플레이할 수도 있습니다.

QR코드에 접속하면 각 보드게임에 쓸 수 있는 빈 카드 양식 파일을 다운받을 수 있습니다.
빈 카드 양식을 다운받아 보드게임을 더욱 풍부하고 창의적으로 활용해 보세요!

게임 소개 및 적용 과목 설명

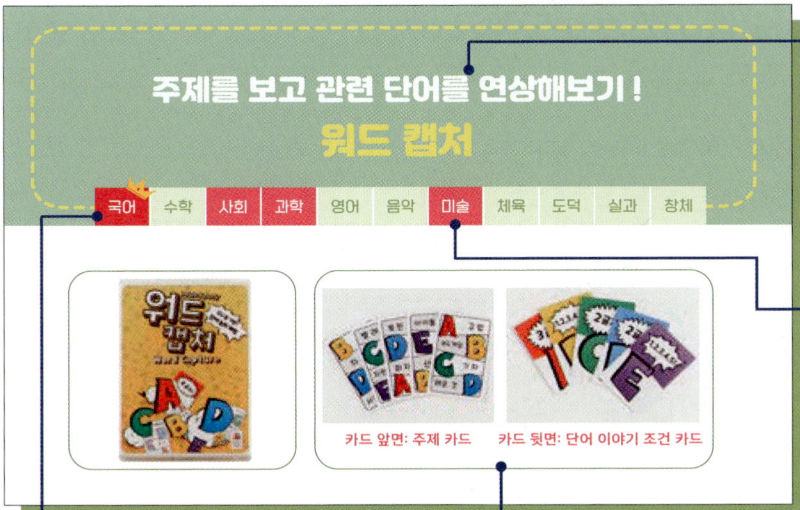

하얀색

보드게임의 간단한 소개

노란색

보드게임의 명칭

분홍색

해당 보드게임을 응용하여 활용 가능한 과목

과목 +

주로 활용할 수 있는 과목

구성품

보드게임을 사면 들어있는 물품

목차

가 언어적 사고를 기르는 보드게임 (국어, 영어)

나 예술적 감수성을 기르는 보드게임 (미술, 체육)

다 수학적 사고를 기르는 보드게임 (수학)

라 탐구 능력을 기르는 보드게임 (사회, 과학, 실과)

마 창의적 사고력을 기르는 보드게임 (창체)

가

언어적 사고를 기르는 보드게임

(국어, 영어)

단 5초만 집중하면 승리!

5초 준다!

국어 | 수학 | 사회 | 과학 | 영어 | 음악 | 미술 | 체육 | 도덕 | 실과 | 창체

문제 카드 특수 카드 타이머

게임 방법

① 게임 준비

보라색 면으로 게임을 할 때
보라색 면이 아래를 보게 만든 카드 더미

1. 문제 카드는 보라색, 노란색 양면으로 되어있으므로 어느 면으로 게임을 할지 정합니다.
2. 어느 면으로 게임을 할지 정했다면 정한 색이 아래를 보도록 문제 카드를 하나로 합쳐 카드 더미를 만듭니다.
3. 타이머를 중간에 두고 문제 바꾸기 카드와 떠넘기기 카드(특수 카드) 2장씩을 각자 가져갑니다.

② 게임 진행(1)

- 문제: 추운 지역에 사는 동물
- 도전자: 펭귄, 북극곰, 북극여우!

▶ 문제에 대답하기

1. 도전자의 오른쪽 사람이 카드 1장을 뽑아 카드에 적힌 문제를 크게 읽고, 읽은 직후 타이머를 바로 뒤집습니다.
2. 타이머의 구슬이 바닥에 떨어지기 전에 도전자가 세 가지 단어를 모두 이야기했다면 해당 문제 카드를 가지고 차례를 왼쪽 사람에게 넘깁니다.
3. 누군가 문제 카드를 10장 모았다면 게임이 끝나고 그 사람이 승리하게 됩니다.

3 게임 진행(2)

- 도전자가 실패할 시 그림과 같은 번호 순서대로 기회가 넘어갑니다.
- 1,2,3 플레이어 모두 답을 하지 못하면 도전자가 카드를 가져갑니다.

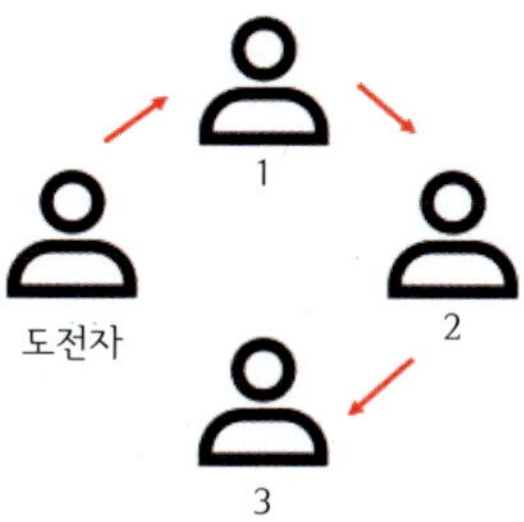

첫 번째 도전자가 문제에 대답하지 못했을 때

1. 도전자가 문제에 답을 하지 못했다면 왼쪽 사람에게 기회가 넘어갑니다.
2. 만약 그 사람도 틀리면 그 왼쪽 사람에게 기회가 넘어가게 됩니다.
3. 모든 플레이어가 답을 하지 못했다면 첫 번째 도전자가 카드를 가져갑니다.

★ **이전 사람들이 대답했던 단어를 다시 말해서는 안 돼요.**

4 특수 카드

- 떠넘기기 카드 사용 시 도전자가 떠넘기기 카드를 쓰면 1번 플레이어가 답을 합니다.
- 1번 플레이어가 답하지 못하면 도전자가 해당 카드를 가집니다.

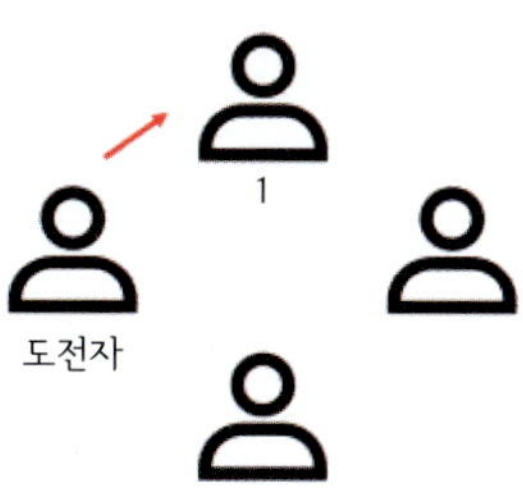

1. 게임 중 특수 카드는 자기 차례당 1번만 사용할 수 있습니다.
2. 문제 바꾸기 카드는 현재 문제를 다른 것으로 바꿀 수 있습니다.
3. 떠넘기기 카드는 해당 문제를 왼쪽 사람이 맞히도록 떠넘깁니다. 만약 왼쪽 사람이 맞혔다면, 왼쪽 사람이 카드를 가져갑니다.

★ **떠넘기기 카드를 썼을 때, 왼쪽 사람이 도전에 실패하면 이 도전은 시계 방향으로 넘어가는 게 아닌 첫 번째 도전자가 가져가요.**

Icon made by Freepik from www.flaticon.com

수업에 도움이 되는 이야기

난이도 조절

- 아이들이 5초 안에 대답하기 어려워하는 경우가 있습니다. 이때 아래와 같은 방법으로 게임 규칙을 변형하여 난이도를 조절할 수 있습니다.

  1) 말하는 단어의 수 조절 — 예 세 가지 단어 → 두 가지 단어

  2) 말하는 시간 조절 — 예 5초 → 10초

- 문제 카드 양면의 난이도를 다르게 하여 어떤 색깔을 사용하느냐에 따라 문제의 난이도를 설정할 수 있습니다.

  게임 구성품의 카드에는 색깔별로 난이도 조절이 되어있지 않습니다. 해당 방법은 문제 카드를 직접 만들어 플레이할 때 활용 가능합니다.

  예 보라색 면- 쉬운 문제, 노란색 면- 어려운 문제

수업 활용 시, 유의 사항

- 수업에 활용할 때는 큰 주제를 명시해 두어야 합니다. 주제를 정해두지 않으면 주제에서 벗어난 단어를 답하는 경우가 생깁니다.

  예 카드에 적힌 문제: 경주의 인물

  큰 주제 X, 예시 답안: 경주에 사는 친척 이름, 경주가 고향인 유명 연예인 등

  큰 주제 ○ - 지역의 역사, 예시 답안: 김유신 장군, 선덕여왕, 문무대왕 등

- 큰 주제를 명시하기 번거로울 때는 문제 카드의 문제를 자세하게 적어두어야 합니다.

  예 6학년 과학 식물의 구조와 기능 수업

  꽃 (X) → 꽃의 구조 (○)

문제 카드의 문제 내용 변경

- 문제 카드의 문제 내용을 수업에서 배운 내용/수업 주제와 관련 있는 문제로 변경합니다.

  예 3학년 국어 마음을 나타내는 말 수업에 활용

- 빈 카드 양식 활용하는 방법

  1) 빈 문제 카드를 컴퓨터로 편집하여 프린트 후 바로 사용하는 방법

  2) 빈 문제 카드 자체를 편집 없이 프린트 후 코팅하여 마카펜으로 문제 카드를 작성하는 방법

  ↳ 해당 방법을 사용하면 아이들이 직접 문제 카드를 만들 수 있을 뿐만 아니라 사용 후, 글자를 지우고 재사용할 수 있어 활용도가 높습니다.

문제 카드 양식을 바로 내려받을 수 있는 QR 코드 →

※ 두꺼운 A4 종이에 양면 인쇄하는 것을 추천합니다.

- 기존 카드와 교과 학습 문제 카드를 섞어서 플레이할 수도 있습니다.

다양한 수업 활용 주제 예시

- 국어 3학년 – 마음을 나타내는 말
  ↳ 감정, 설렌다를 표현하는 말, 무섭다를 표현하는 말
- 사회 4학년 – 지역의 역사
  ↳ 유형문화재, 무형문화재, 국보, 경주의 역사적 인물, 포항의 역사적 인물
- 과학 5학년 – 태양계와 별
  ↳ 행성, 별자리, 북쪽 하늘에 있는 별자리
- 과학 6학년 – 연소와 소화
  ↳ 연소 조건, 연소 후 생성되는 물질, 불을 끄는 방법
- 수학 6학년 – 원기둥, 원뿔, 구
  ↳ 원기둥 모양의 물체, 원뿔 모양의 물체, 구 모양의 물체
- 사회 6학년 – 세계의 여러 나라들
  ↳ 대륙, 대양, 아시아/오세아니아/유럽/아프리카/북아메리카/남아메리카의 여러 나라
- 과학 6학년 – 식물의 구조와 기능
  ↳ 뿌리/줄기/잎/꽃의 구조, 뿌리/줄기/잎/꽃의 기능, 씨가 퍼지는 방법

교육적 효과

- 문제 카드를 보고 주어진 주제에 대하여 빠르게 생각하고 이를 말해야 합니다. 이 과정에서 논리적 사고 능력과 집중력을 키울 수 있습니다.
- 5초 안에 자신의 생각을 정확하게 전달해야 합니다. 이는 효과적인 의사소통 능력을 향상시키는 데 기여할 수 있습니다.
- 제한된 시간 안에 다양한 생각을 떠올려야 하기에 창의적 사고를 촉진할 수 있습니다.
- 문제를 확인하고 관련 답을 떠올려 5초 안에 답하는 과정에서 민첩성을 기를 수 있습니다.

내 마음에 공감하는 사람~
너도? 나도! 파티

국어 | 수학 | 사회 | 과학 | 영어 | 음악 | 미술 | 체육 | 도덕 | 실과 | 창체

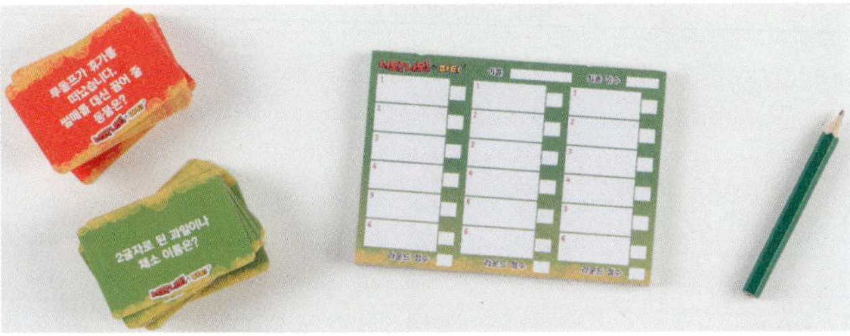

양면 주제 카드 112 장
(초록색 56 장 , 빨간색 56 장)

단어 노트 1 개

연필 4 개

게임 방법

1 게임 준비

초록색 카드로 게임을 플레이할 때

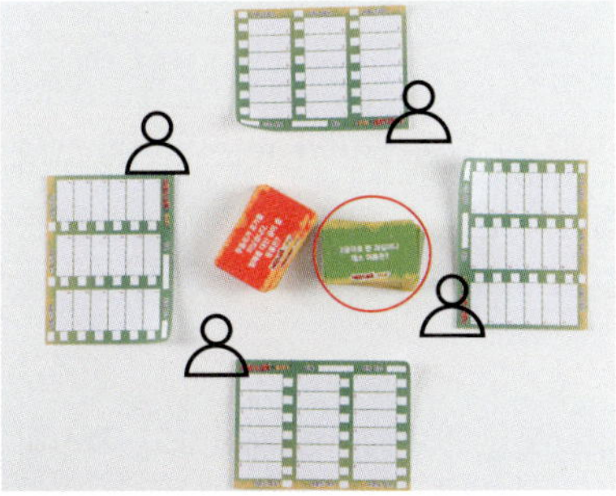

1. 각 플레이어는 연필과 단어 노트 1장을 받습니다.
2. 받은 단어 노트 위에 자신의 이름을 씁니다.
3. 초록색 주제 카드와 빨간색 주제 카드끼리 모아 각각의 카드 더미를 만듭니다.
4. 게임을 시작하기 전, 게임을 플레이할 색깔 한 가지를 정합니다.
5. 선택한 색깔의 카드 더미를 잘 섞어 테이블 가운데 더미를 만들어 둡니다.

☆ 초록색 카드(정확 모드): 정확히 같은 단어만 점수로 인정해요.

☆ 빨간색 카드(의미 모드): 단어가 달라도 의미가 같으면 점수로 인정해요.

☆ 카드는 양면으로 되어있고 두 면의 내용이 다르므로 더미를 만들 때 어느 면이 위로 오든 상관없어요.

② 게임 진행(1)

'문제: 동물원에서 인기 있는 동물은?'

주제 카드를 뽑고 단어 쓰기

1. 첫 번째 진행자를 정한 후, 진행자는 카드 더미의 맨 윗 장을 가지고 와 카드의 밑면에 적혀있는 문장을 크게 읽습니다.

2. 진행자를 포함한 모든 플레이어는 읽어 준 문장을 듣고 떠오르는 단어 6개를 단어 노트의 가장 왼쪽 1~6번에 씁니다.

3. 단어 6개를 모두 다 썼다면 연필을 내려놓고 모든 플레이어가 6개를 모두 다 쓸 때까지 기다립니다.

☆ **단어를 쓰는 동안은 플레이어끼리 아무 말도 할 수 없어요.**

③ 게임 진행(2)

'사자!!' 3점 획득

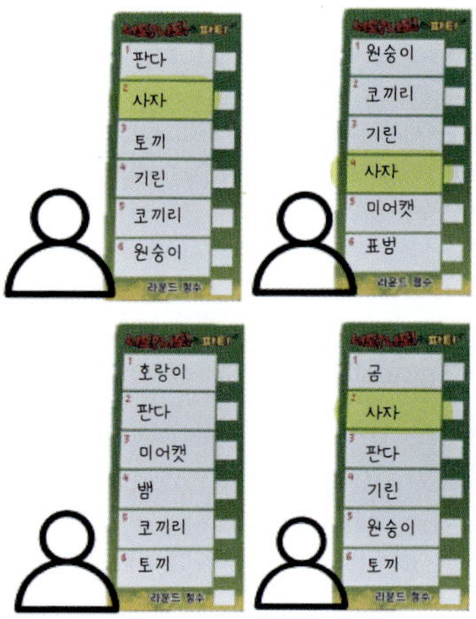

단어 쓰기

1. 모든 플레이어가 단어 6개를 다 썼다면, 진행자부터 자신이 쓴 단어를 1번부터 하나씩 말합니다. 이때 진행자는 손을 들고 있습니다.

2. 다른 플레이어는 진행자가 말한 단어와 같은 단어를 썼다면 손을 들어 알려 줍니다. 손을 든 모든 플레이어는 손을 든 플레이어 수만큼 점수를 얻습니다.

3. 단어를 말한 진행자도 포함하여 점수를 계산하되, 자신이 말한 단어를 자기 혼자만 썼다면 1점이 아닌 0점입니다.

4. 진행자가 단어 노트에 쓴 단어 6개를 모두 말했다면 왼쪽으로 돌아가며 자신이 쓴 단어 6개를 모두 말합니다.

☆ **다른 플레이어가 말한 단어로 이미 점수 계산을 끝낸 단어는 다시 읽지 않아요.**

④ 점수 계산 방법

• 주제 카드: 달걀이 들어가는 음식은?

1) 초록색 카드로 플레이 시

'계란 프라이'를 쓴 사람만 2점 획득

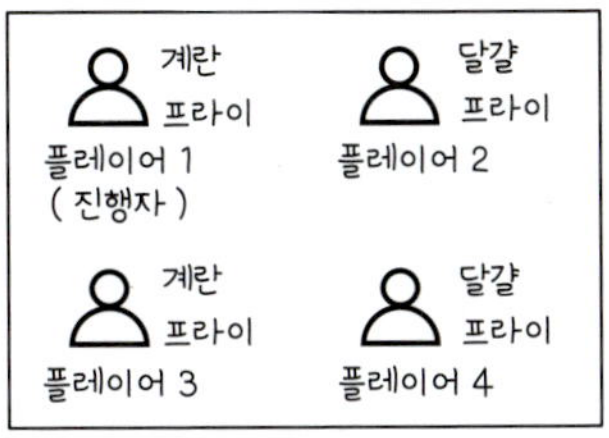

2) 빨간색 카드로 플레이 시

모두 4점 획득

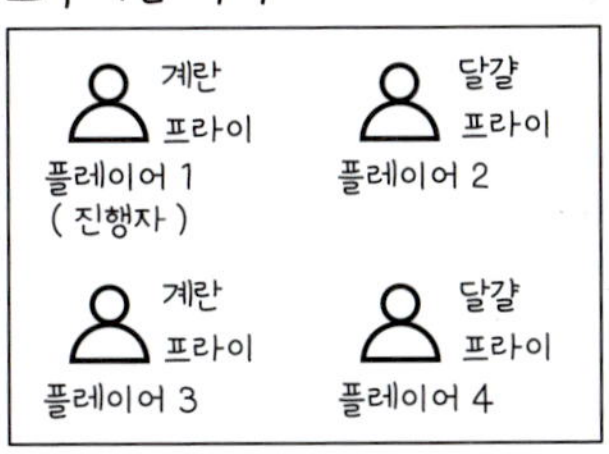

모드에 따른 점수 계산하기

1. 초록색 카드(정확 모드)로 진행 시: 같은 의미의 단어라도 다르게 썼다면 점수를 얻을 수 없습니다.

   예 '딸기 우유'와 '딸기맛 우유'는 다른 단어입니다.

2. 빨간색 카드(의미 모드)로 진행 시: 다르게 썼더라도 의미가 같다면 같은 단어로 보고 점수를 얻습니다. 그러나 상위 하위 개념의 단어는 다른 단어로 보고 점수를 얻을 수 없습니다.

   예 '낱말'과 '단어', '채소'와 '야채'는 같은 단어로 봅니다.
   '게임'과 '보드게임'은 다른 단어입니다.

⑤ 게임 종료

1라운드 점수
+
2라운드 점수
+
3라운드 점수
= 최종 점수

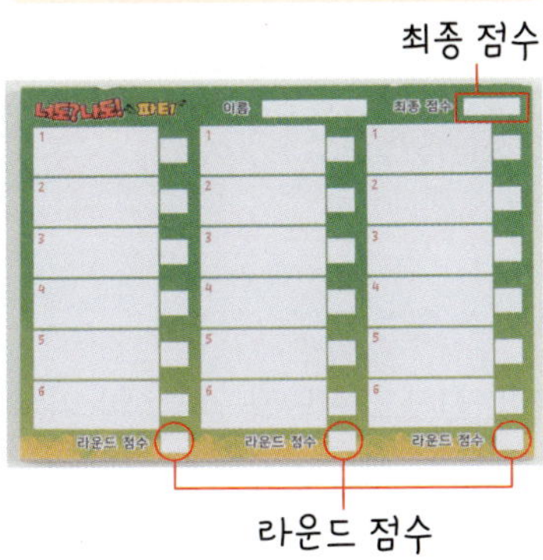

총점수 계산하기

1. 모든 플레이어가 자신이 쓴 단어를 말하고 각 단어에 대한 점수를 모두 쓸 때까지 반복합니다.
2. 모든 단어에 대한 점수를 다 썼다면 점수의 합을 '라운드 점수' 칸에 쓰고 1라운드를 종료합니다.
3. 각 플레이어는 자신의 1라운드 점수를 발표합니다.
4. 다음 라운드는 1라운드 진행자의 왼쪽에 앉아 있는 플레이어가 진행자 역할을 합니다.
5. 앞의 방식과 동일하게 게임을 총 3라운드 진행합니다.
6. 3라운드가 모두 끝나면 모든 플레이어는 '라운드 점수' 칸 3개에 적힌 점수를 모두 더합니다. 그 점수를 단어 노트 우측의 '최종 점수' 칸에 씁니다.
7. 최종 점수가 가장 높은 플레이어가 승리합니다.

Icon made by Freepik from www.flaticon.com

수업에 도움이 되는 이야기

단어 노트 소진 시

- '행복한 바오밥' 보드게임 제작사 홈페이지에 들어가서 게임 구성물 페이지에 들어가면 단어 노트를 2,000원에 추가로 구매할 수 있습니다.

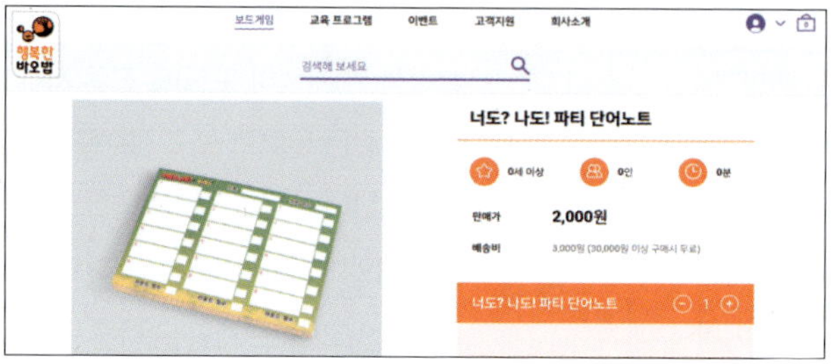

주제 카드 내용 변경

- 수업이나 단원을 끝낸 후 수업과 관련된 질문을 뽑아 정리합니다.

  이때 단어로 답을 쓸 수 있는 질문으로 구성해야 합니다.

  예 흉내 내는 말은 무엇이 있나요? (O) 흉내 내는 말을 사용하면 좋은 점은 무엇인가요? (X)

- '너도? 나도! 파티'의 경우 '정확 모드'와 '의미 모드'를 카드의 색깔로 구별하여 제작했는데 굳이 카드의 색깔로 플레이 모드를 결정하는 것은 활용도가 떨어집니다. 따라서 게임을 플레이하기 전에 구두로 어떤 모드로 플레이할지 정하면 제작하는 데 수고로움도 덜고 카드의 활용도 또한 높아집니다.

  예 게임 플레이하기 전: "자, 우리 이번에는 '정확 모드'로 게임을 해봅시다!"

  예 3학년 과학 자석의 이용

자석을 이용한 생활용품 중 가장 유용한 물건은 ?	자석을 이용한 장남감 중 가장 재미있는 장난감은 ?

- 빈 카드 양식에는 두 가지 색깔을 넣어 색깔로 모드를 결정할 수 있게 두었습니다.

  다만 위의 설명처럼 색깔로 모드를 정하는 게 활용도가 떨어진다고 판단될 경우, 한 가지 색깔로만 문제 카드를 작성하거나 두 가지 색깔 모두를 사용하되 구두로 모드를 결정해도 됩니다.

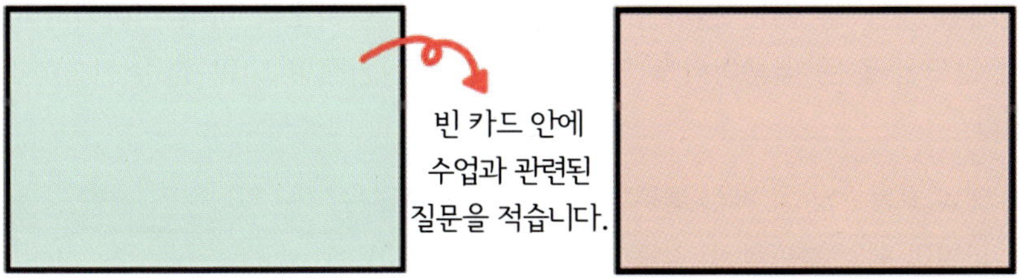

빈 카드 양식 활용하는 방법

1) 빈 문제 카드를 컴퓨터로 편집하여 프린트 후 바로 사용하는 방법

2) 빈 문제 카드 자체를 편집 없이 프린트 후 코팅하여 마카펜으로 문제 카드를 작성하는 방법

↳ 해당 방법을 사용하면 아이들이 직접 문제 카드를 만들 수 있을 뿐만 아니라 사용 후, 글자를 지우고 재사용할 수 있어 활용도가 높습니다.

문제 카드 양식을 바로 내려받을 수 있는 QR 코드 →

※ 두꺼운 A4 종이에 양면 인쇄하는 것을 추천합니다.

태블릿을 활용한 수업

태블릿 활용이 가능한 아이들을 대상으로 할 수 있는 간단한 활용 방법입니다. 띵커벨의 '워드클라우드' 기능을 활용한 수업으로 태블릿만 있으면 바로 수업에 활용할 수 있어 교사가 편리하게 수업할 수 있습니다.

해당 기능을 사용하여 교사가 주제 카드에 들어갈 질문을 입력합니다. 그리고 학생들이 그 질문에 알맞은 답을 쓸 수 있는데 이때 답을 쓰는 데 시간제한을 둘 수도 있습니다. 해당 기능은 답을 세 가지까지만 제출할 수 있습니다.

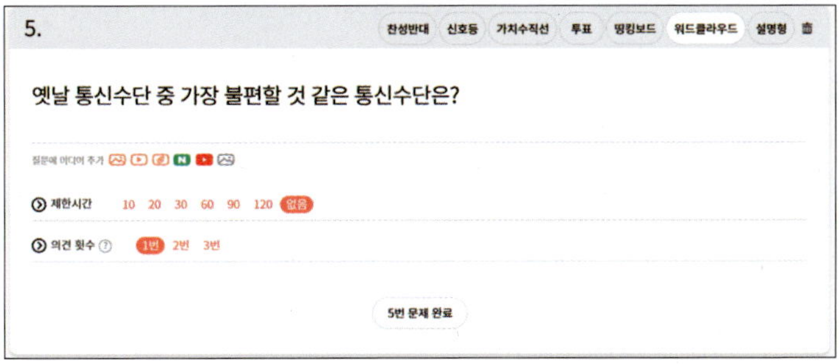

- 학생들에게 답을 쓸 때는 단어만 적어서 의견을 제출하도록 미리 이야기해야 합니다. 그렇지 않으면 같은 내용이라도 다 다른 의견으로 인식이 되어 점수 산출에 어려움을 겪습니다.

  예 Q. 옛날 교통수단 중 가장 불편할 것 같은 통신수단은?
  A. 파발이 제일 불편할 것 같습니다.(X) → 파발(O)

- '워드클라우드' 기능은 학생들이 제출한 의견이 실시간으로 화면에 반영이 될 뿐만 아니라 가장 많이 입력한 단어는 크게 화면에 제시됩니다. 따라서 친구들이 쓴 단어를 하나하나 확인하는 과정을 생략할 수 있어 빠르게 게임이 진행된다는 장점이 있습니다. 점수 산출 방법은 내가 제출한 답을 쓴 친구들의 수만큼 점수를 얻는 식입니다. 마찬가지로 나 혼자만 해당 답을 썼을 경우, 0점을 얻습니다.

  예 3학년 사회 교통과 통신수단의 변화

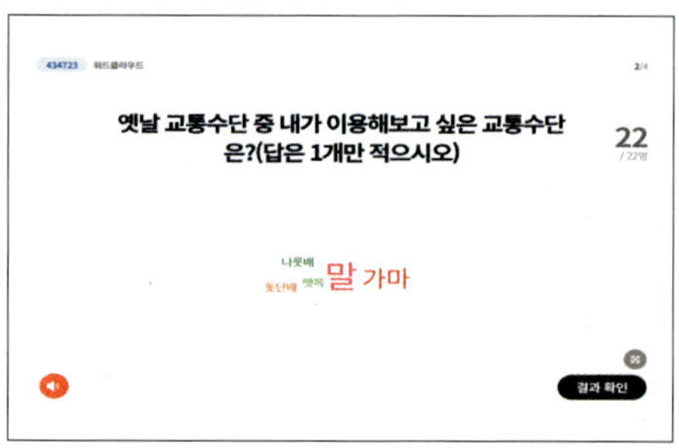

단어 노트에 쓰는 단어의 수 조절

- 원래의 게임 방식은 하나의 주제 카드당 여섯 개의 답(단어)을 쓰는 것이 원칙입니다. 다만 여섯 개의 답을 쓰는 방식으로 플레이하는 것은 소규모로 플레이할 때 가장 적합한 방식으로 학급 전체 활동 시, 여섯 가지의 답을 모두 쓰면 플레이하는 데 시간이 너무 오래 걸립니다.

- 학급 전체를 대상으로 플레이하는 경우 답을 세 가지 정도만 쓰게 했을 때 플레이 시간이 적당했습니다. 물론 여섯 가지의 답을 모두 쓰는 것보다는 생각하는 범위가 좁아지겠지만 왜 해당 단어를 쓰게 되었는지 학생들의 의견을 물어보는 시간을 추가하면 의견을 답하고 친구들의 의견을 듣는 과정에서 복습 효과를 극대화할 수 있었습니다.

다양한 수업 활용 주제 예시

- 국어 3학년 - 알맞은 높임 표현
  - ↳ 높임의 뜻이 있는 특별한 낱말에는 무엇이 있나요?
    높임 표현을 사용해야 하는 대상은 누구일까요?
- 수학 6학년 - 입체도형
  - ↳ 각기둥/각뿔/직육면체/원기둥/원뿔/구 모양의 물체에는 무엇이 있을까요?
- 사회 5학년 - 옛사람들의 삶과 문화
  - ↳ 고구려/백제/신라의 문화유산 중 가치가 높은 것은 무엇인가요?
    조선의 왕 중 훌륭한 업적을 가지고 있는 왕은 누구인가요?
- 과학 5학년 - 생물과 환경
  - ↳ 비생물 환경 요인 중 중요하다고 생각하는 것은 무엇인가요?
    생물 중에서 가장 좋아하는 생물은 무엇인가요?

교육적 효과

- 같은 질문에 대해 다른 사람이 생각할 법한 답변을 해야 하므로 타인의 입장을 이해하고 존중하는 시간이 필요합니다. 이는 사회적 기술을 강화하는 데 도움을 줄 수 있습니다.
- 다른 사람과 같은 답변을 적을수록 유리하기에 문제에 맞는 최적의 답변을 고민해야 합니다. 이를 통해 전략적 사고를 기를 수 있습니다.
- 다른 사람들과 상호작용하고 협력하는 과정이 해당 게임에서 상당히 중요한 부분을 차지하기에 사회적 기술을 강화할 수 있습니다.
- 다양한 문제에 답하는 과정에서 문제 해결 능력과 논리적 사고력을 키울 수 있습니다.
- 작성 시간을 두고 질문에 해당하는 단어를 직접 써야 하기에 쓰기 영역을 강화할 수 있습니다.

이야기로 만들어서 기억하기!
당나귀 다리

국어	수학	사회	과학	영어	음악	미술	체육	도덕	실과	창체

단어 카드 180장

당나귀 말

게임 방법

1 게임 준비

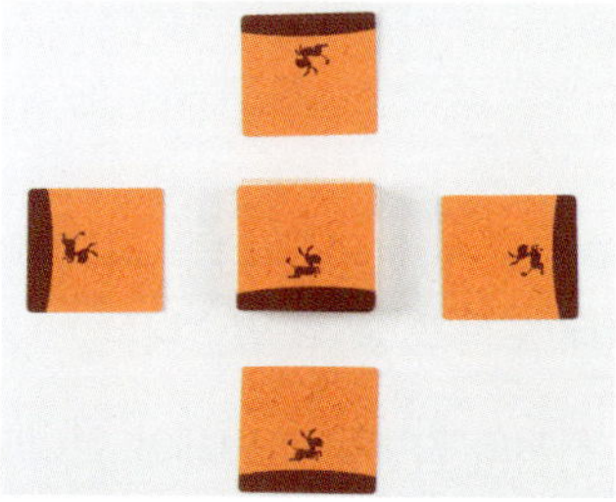

1. 단어 카드 180장을 전부 모아 섞고, 뒷면이 보이도록 한 더미로 쌓습니다.

2. 각자 단어 카드를 6장씩 들고 옵니다.

☆ 모둠원은 최소 4명으로 하도록 해요.

2 게임 진행 (1)

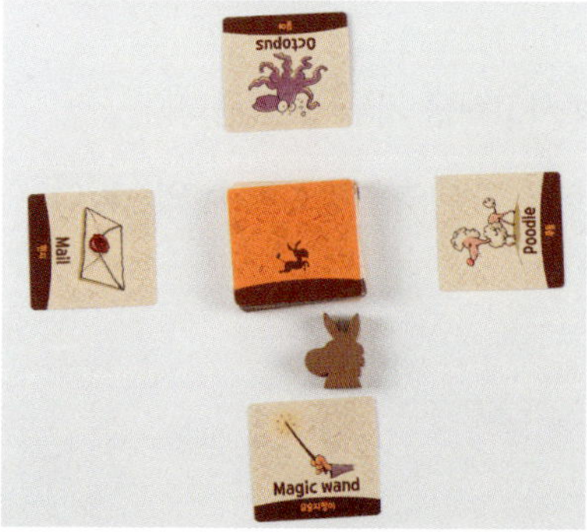

▶ 이야기 단계

1. 이야기꾼을 한 명 뽑습니다. 이야기꾼은 당나귀 말을 자신의 앞에 둡니다. 이야기꾼부터 순서대로 손에 든 카드를 카드 그림이 보이는 쪽으로 내려놓으며, 그 카드에 적힌 단어를 포함해 이야기를 만듭니다. (이야기 만들기)
2. 정해진 횟수만큼 차례를 가지면, 이야기에 사용한 단어 카드를 전부 모아 뒤집어서 이야기꾼 앞에 한 더미로 만듭니다. (이야기 완성-1)
3. 각자 손에 든 카드가 6장이 되도록 채운 후, 새로운 이야기꾼부터 같은 방법으로 이야기를 만듭니다. 이 과정을 인원수만큼 이야기가 만들어질 때까지 반복합니다. (이야기 완성-2)

3 게임 진행 (2)

예를 들어, 처음 만든 이야기를 섞은 후 나눠가진 카드가 아래와 같을 때

학생 A-선인장, 자루

학생 B-풍선, 독일

학생 C-백설공주, 농구

학생 D-종이, 잠옷

단어 기억해내기 단계

학생 A: "풍선"

(학생 B는 자신의 풍선 카드를 학생 A에게 준다.)

학생 B: "잠옷"

(학생 D는 자신의 잠옷 카드를 학생 B에게 준다.)

☆ 위 과정을 카드가 다 소진되거나 모든 학생이 단어 카드에 대해 기억을 다 못해 게임이 종료될 때까지 반복한다.

이야기 완성 단계

1. 가장 처음 만든 이야기 더미를 잘 섞은 후, 같은 장수만큼 나눠 가집니다. (카드 나누기)
2. 돌아가면서 이야기에서 사용된 단어를 기억해내서 말합니다. 다른 사람의 손에 해당 단어 카드가 있다면 카드를 받아 자신의 앞에 그림이 보이도록 내려놓습니다. (단어 기억해내기)
3. 만약 해당하는 단어 카드가 없거나, 단어를 떠올리지 못했다면 차례가 넘어갑니다. 한 이야기의 '단어 기억해내기' 단계를 마쳤다면, 다음 이야기도 동일한 방법으로 진행합니다.

☆ 자신이 이야기했던 단어들을 잘 기억하는 것도 중요하며, 그 라운드의 스토리텔링을 떠올려 이야기해요.

4 게임 종료

가장 많은 카드를 가진 사람

총점수 계산하기

1. 모든 이야기에 대해 기억해내기 단계를 진행하면 게임이 종료됩니다.
2. 가장 많은 카드를 가진 사람이 이깁니다.

☆ 이야기가 엉뚱한 방향으로 가더라도 괜찮아요. 이야기를 스스로 만들어보고 그 이야기가 인상적인 이야기일수록 머릿속에 잘 남고 재미있는 게임이 돼요.

Icon made by Freepik from www.flaticon.com

수업에 도움이 되는 이야기

규칙 변형

- 단어 카드를 활용하여 첫 번째 이야기를 만들고 나서, 원래 기본 규칙은 한곳에 다 모으는 것이지만 이번에는 자신이 이야기한 카드를 자신의 앞에 둡니다. 동일한 과정으로 두 번째 이야기까지 만듭니다.
- 그 후, 첫 번째 이야기부터 단어 기억해내기를 시작합니다. 새로운 단어 기억해내기 변형 규칙은 다음과 같습니다. 이야기꾼은 단어 기억해내기를 시작하는 사람이 됩니다. 이야기꾼은 한 사람을 지목하여 그 사람이 이야기한 단어를 기억해내서 말하고, 그 단어가 그 사람이 가진 단어 카드와 일치하면 맞힌 사람에게 카드를 줍니다. 카드의 정답을 맞힌 사람이 다시 도전할 수 있습니다. 틀리면 지목 당한 사람이 도전 기회를 얻습니다. 카드가 모두 소진될 때까지 게임을 진행합니다.

다양한 수업 활용 주제 예시

- 체육 4학년 영역형 경쟁 단원 정리
  - ↳ 농구형 게임, 축구형 게임, 하키형 게임을 하면서 각 게임의 규칙을 복습할 때 그 규칙의 단어를 넣어서 이야기할 수 있도록 하기
- 영어 4학년 How Are You?
  - ↳ 기분과 관련된 단어와 일상 속 단어들을 활용하여 스토리텔링하기
  - ↳ great, good, not bad, not so good, morning, evening, afternoon
- 국어 4학년 그림의 차례를 정해 이야기 꾸미기
  - ↳ 다양한 그림을 보고 자신만의 순서를 정하여 꾸밀 수 있도록 하기

교육적 효과

- 당나귀 다리 보드게임은 주로 언어적 요소를 활용하여 단어를 만드는 게임입니다. 이를 통해 학생들은 자연스럽게 언어 능력을 향상시킬 수 있습니다.
  - 어휘력 증가: 게임을 하면서 다양한 단어를 사용하고 학습하게 되어 어휘력이 풍부해집니다.
  - 철자 학습: 정확한 철자를 맞히기 위해 단어의 철자법을 배우고 익힐 수 있습니다.
  - 문해력 향상: 단어의 의미와 사용법을 이해하면서 읽기와 쓰기 능력이 향상됩니다.

- 게임을 통해 성취감을 느끼고, 정서적 안정과 자기 조절 능력을 기를 수 있습니다.
  - 자기 조절: 게임의 승패를 받아들이고, 감정을 조절하는 능력을 배울 수 있습니다.
  - 성취감: 게임에서 목표를 달성했을 때 느끼는 성취감을 통해 자신감을 키울 수 있습니다.

하나의 그림 속 수많은 생각 나누기!
딕싯

국어 | 수학 | 사회 | 과학 | 영어 | 음악 | 미술 | 체육 | 도덕 | 실과 | 창체

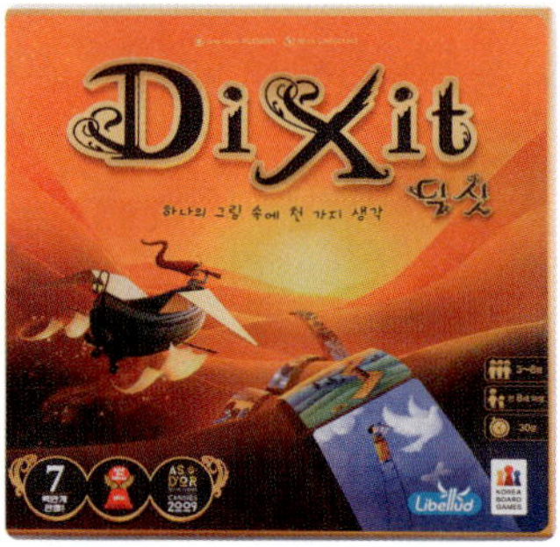

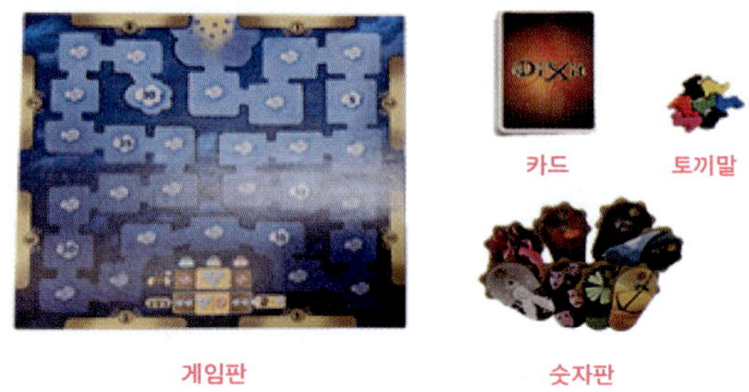

게임 방법

1 게임 준비

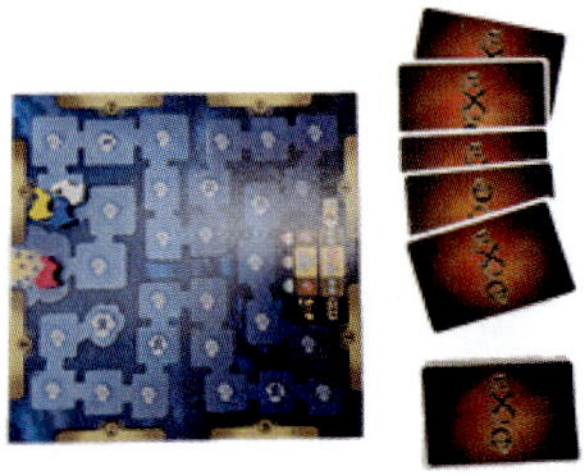

1. 카드를 잘 섞어 여섯 장씩 나누어 가진 후 카드의 그림을 혼자만 확인합니다.

2. 토끼말과 숫자판을 나누어 가진 후 게임판 위에 자신의 토끼말을 시작 위치에 올려둡니다.

☆ 모둠원은 3~8명까지 가능해요!

2 게임 진행 (1)

1. 이야기꾼을 한 명 뽑습니다. 이야기꾼은 6장의 카드 중 하나를 골라 그림이 보이지 않도록 뒷면을 내려놓습니다.
2. 이야기꾼은 그 카드를 보면 생각나는 단어나 문장을 말합니다. 이때 속담, 노래 제목, 책 제목을 말해도 좋습니다.

☆ 모둠원들의 번호를 붙여 1번부터 돌아가며 이야기꾼을 맡으면 진행이 쉬워요!

③ 게임 진행 (2)

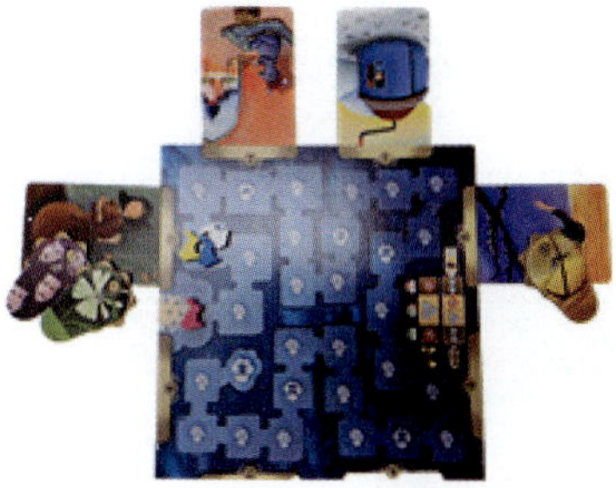

1. 나머지 모둠원들은 자신의 카드 중 이야기꾼의 이야기와 가장 잘 맞는 카드를 골라 이야기꾼에게 뒷면으로 줍니다.

2. 이야기꾼은 받은 카드들과 자신의 카드를 섞어 게임판의 1번 슬롯부터 무작위로 내려놓습니다.

☆ 각자 이야기꾼의 카드라고 생각하는 번호를 숫자판으로 맞춰 해당 카드 앞에 동시에 놓아요.

④ 점수 배점

- 모든 사람이 이야기꾼의 카드를 맞히거나 아무도 못 맞힐 경우 이야기꾼을 제외한 나머지 사람들 +2점
- 그 외의 경우, 이야기꾼의 카드를 맞힌 사람, 이야기꾼 모두 +3점

1. 이야기꾼은 정답을 공개하고 이유를 말합니다. 다른 모둠원들도 왜 그 카드를 골랐는지 돌아가며 이유를 말합니다.

2. 점수를 계산하여 게임판에 토끼말을 옮긴 후, 다음 사람이 이야기꾼을 맡아 다시 게임을 시작합니다. 점수가 가장 높은 사람이 승리합니다.

☆ 의견을 나누며, 같은 그림이라도 생각과 느낌이 다르다는 것을 알 수 있도록 해요!

수업에 도움이 되는 이야기

빈 카드에 나만의 딕싯 카드 만들기

- 국어와 미술을 연계하여 학생들이 직접 빈 카드에 그림을 그려 새로운 이야기를 만들 수 있습니다.

  예 국어 2학년 이야기 만들기 수업 시 미술 감상 영역과 연계하여 활용

- 에듀테크 및 생성형 AI를 활용하여 그림을 보고 떠오르는 단어들을 입력하여 반대로 다시 그림을 만들어 보고 원래 그림과 비교하는 활동을 할 수 있습니다.

생성형 AI 뤼튼이 그린 카드

딕싯 카드

- 반복된 게임을 통해 카드가 익숙해질 경우, 코리아보드게임즈 누리집에서 확장판 카드를 추가 구입하여 활용할 수 있습니다.

빈 카드 양식을 바로 내려받을 수 있는 QR 코드 →

※ 두꺼운 A4 종이에 양면 인쇄하는 것을 추천합니다.

다양한 수업 활용 주제 예시

- 국어 2학년 - 이야기 만들기
  ↳ 카드에서 연상되는 낱말을 떠올려 이야기 기차 만들기
- 국어 4학년 - 생각이나 느낌을 나누어요
  ↳ 생각이나 느낌이 서로 다른 까닭 말하기
- 국어 4학년 - 표정이나 행동으로 인물의 마음
  ↳ 카드 속 인물의 표정과 행동을 보고 마음 짐작하여 말하기
- 국어 6학년 - 이야기 속 사건의 흐름
  ↳ 카드를 배열하여 이야기를 만들고 사건의 흐름 말하기
- 미술 전 학년 - 감상
  ↳ 나만의 카드를 만들어 친구들에게 소개하고 감상 나누기

교육적 효과

- 딕싯은 창의적 사고와 상상력을 길러줍니다. 각기 다른 일러스트를 통해 참여자들에게 다양한 이야기와 상상 속의 세계를 탐험할 기회를 제공합니다. 학생들은 자신만의 창의적인 이야기를 만들고 표현하는 능력을 키울 수 있습니다.
- 딕싯은 이야기꾼은 설명을 잘하기 위해 정확하고 다양한 어휘를 사용해야 합니다. 이는 학생들의 언어적 능력과 어휘력을 향상시키는 데 도움이 됩니다.
- 다른 참여자들이 제시한 설명을 듣고 그림을 맞히는 과정에서 학생들은 문맥 속에서 단서를 파악하고 상호 작용하는 능력을 기를 수 있습니다.

즐거운 우리말 겨루기!
라온

국어 | 수학 | 사회 | 과학 | 영어 | 음악 | 미술 | 체육 | 도덕 | 실과 | 창체

자음 타일 44개

ㄱ: 7개 ㅇ: 5개 ㄷ,ㄹ,ㅅ: 4개

ㅁ,ㅂ,ㅈ,ㅎ: 3개 ㅊ,ㅋ,ㅌ,ㅍ: 2개

모음 타일 36개

ㅏ: 18개

ㅣ: 12개

ㅑ: 6개

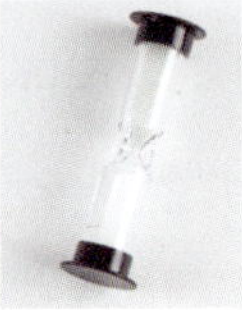

3분 타이머

게임 방법

※아래 네 가지 방법 중, 하나를 선택하여 플레이합니다.

① 높은 수 게임

5개!

6개!

9개!

7개!

9개 증명: 떡볶이

▶ 깔려 있는 타일을 조합해 타일을 가장 많이 쓰는 단어를 만드는 게임

1. 자음 타일 14개, 모음 타일 10개를 무작위로 뽑아 그림과 같이 배치합니다.
2. 모래시계를 뒤집은 뒤 모두 타일을 눈으로만 보고 마음속으로 단어를 생각한 후 자신이 생각한 단어에 사용된 타일 개수를 외칩니다.

☆ 단어를 외치는 것이 아닌 단어에 사용된 타일의 개수만 외쳐요.

☆ 직접 조합해 증명해야 하므로 자신이 만들 단어를 기억해 둬야 해요.

2 초성 게임

주제: 음식

고구마 ⇨ 

호떡 ⇨ 

아이스크림 ⇨ 

주제에 맞는 단어의 초성을 찾으며 자신의 타일을 빨리 버리는 게임

1. 각자 자음 타일을 11개씩 보이지 않게 가져가고 주제를 하나 정합니다.
2. 모래시계를 뒤집고 각자의 자음 타일을 열어 주제에 맞는 단어를 찾습니다.
3. 단어를 외치며 단어에 사용된 초성 자음들을 버립니다.

☆ '더위'를 외쳤을 때: 'ㄷ' 하나만 버리거나 'ㄷ,ㅇ'을 버릴 수 있어요.

☆ '떡볶이'를 외쳤을 때: 'ㄷ,ㄷ'을 버릴 수 있어요.

3 라온 재결합 게임

• 첫 번째 플레이어

• 두 번째 플레이어:
ㅓ * 2개 ㅣ * 2개 ㅁ, ㅇ, ㄱ 추가

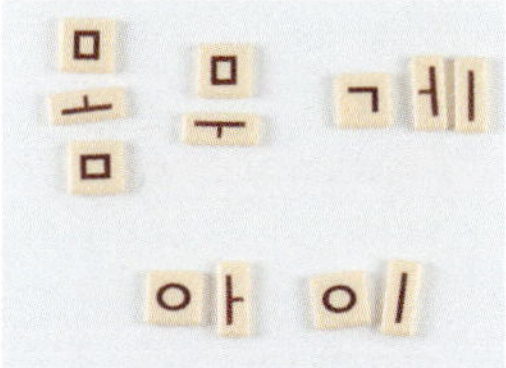

단어를 해체하고 자신의 타일로 재결합해 타일을 빨리 버리는 게임

1. 각자 자음타일 11개와 모음타일 9개를 가지고 갑니다. 시작 플레이어를 정하고 1분 타이머를 준비합니다.
2. 시계 방향으로 돌아가며 플레이하며 첫 번째 플레이어는 자신이 가진 타일로 단어를 1개 만듭니다.
3. 이후 플레이어는 만들어진 단어를 해체하고 자신의 타일을 사용해 단어를 만듭니다.

☆ 제한 시간이 끝나면 재결합하다 남은 타일을 모두 가져와요.

☆ 이미 만들어진 단어를 중복하여 만들 수 없어요.

④ 가로세로 게임

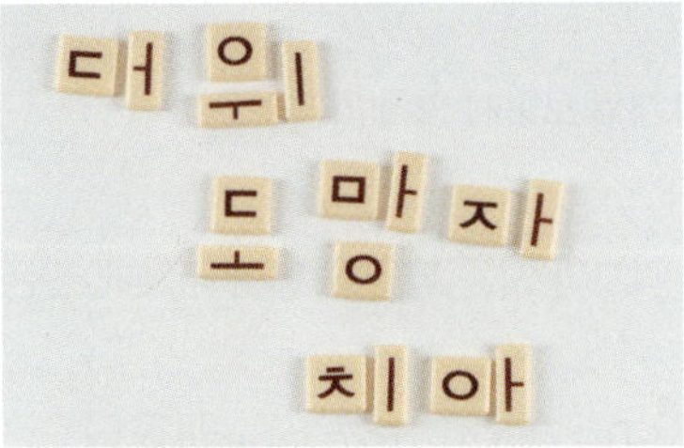

• **점수 계산**

2글자: 더위, 위도, 망치, 자아, 치아

3글자: 도망자

(1 + 2) * 5 + (3+3) * 1 = 21점

많은 단어를 조합할수록 점수가 커지는 게임

1. 모든 플레이어는 자음 타일 11개와 모음 타일 9개를 가져갑니다.
2. 모래시계를 뒤집은 뒤 모두 동시에 자음, 모음 타일을 이용하여 단어를 만듭니다.
3. 점수 계산 방법
   1) ㅁ글자: 앞에 나온 점수 + 글자 수
      예 한 글자: 1점, 두 글자: 1(한 글자 점수)+2(글자 수)
   2) 모든 타일을 다 사용한 경우: 보너스 10점.

☆ 단어는 가로세로 두 방향으로 진행할 수 있으며, 가로세로 간의 연결도 가능해요.

수업에 도움이 되는 이야기

배운 단원/정한 주제와 관련된 단어만 인정한다는 조건 추가

▶ 적용 가능 게임: ① 높은 수 게임, ② 초성 게임, ③ 라온 재결합 게임, ④ 가로세로 게임

예 3학년 국어 국어사전 단원 정리 수업에 활용

추가 조건: 국어사전에 실려있는 단어만 인정

① 높은 수 게임: 8개! (소확행) → 국어사전에 실린 단어가 아니기에 인정할 수 없음.

② 초성 게임: 스파이더맨 → 국어사전에 실린 단어가 아니기에 타일을 버릴 수 없음.

③ 라온 재결합 게임: '헬로' → 국어사전에 실린 단어가 아니기에 타일로 단어를 만들어선 안 됨.

④ 가로세로 게임: '갑분싸' → 국어사전에 실린 단어가 아니기에 해당 단어는 점수로 인정할 수 없음.

배운 단원/정한 주제와 관련된 단어 하나당 +1점이라는 보너스 점수 조건 추가

▶ 적용 가능 게임: ④ 가로세로 게임

예 6학년 사회 세계의 여러 나라 수업에 활용

추가 조건: 세계의 여러 나라 단원과 관련된 단어 하나당 +1점

2글자 단어: 더위, 위도, 망치, 자아, 치아 → (1+2)*5점

3글자 단어: 도망자 → (3+3)*1점

세계의 여러 나라 단원과 관련된 단어: 위도 → 보너스 1점

점수 계산 방법

↳ (1+2)*5 + (3+3)*1 + 1 =22

타일 활용 방법

- 타일을 돌려서 다른 글자로 활용 가능합니다.

  예 ㄱ 타일 ㄴ 타일로 활용 가능, ㅏ 타일은 ㅗ/ㅜ/ㅓ 타일로도 활용 가능

- 타일을 여러 개 조합하여 사용할 수도 있습니다.

  예 ㅓ+ㅣ=ㅔ, ㄷ+ㄷ=ㄸ

유의 사항

- 가로세로 게임을 할 때 부자연스러운 단어가 나올 수 있습니다. 따라서 게임을 시작하기 전에 허용 가능 범위를 정해놓고 시작하면 좋습니다.

  예 외래어, 사람/가게 이름 등과 같은 단어도 답으로 허용할지를 게임 시작 전에 정합니다.

- 단어를 이야기하고 왜 해당 단어가 배운 단원/정한 주제와 관련되는지 이야기하는 시간을 가진다면 그 과정에서 복습 효과가 더 극대화됩니다.

다양한 수업 활용 주제 예시

- 전 교과, 전 단원 활용 가능 (단원 복습)

- 새로운 개념이 많이 나오는 단원이나 과목에서 활용 가능 예 사회, 과학 등

- 국어 1학년 – 여러 가지 낱말 익히기

  ↳ 나와 가족과 관련된 낱말, 학교와 이웃에 관련된 낱말

- 국어 1학년 – 소리와 모양을 흉내 내는 말

  ↳ 흉내 내는 말, 받침이 들어가는 낱말, 겹받침이 들어간 낱말

- 사회 3학년 – 우리 고장

  ↳ 고장의 여러 장소, 주요 장소, 문화유산

- 사회 3학년 - 환경에 따라 다른 삶의 모습
  - ↳ 자연환경, 인문환경, 생활 모습, 의생활, 식생활, 주생활
- 과학 3학년 - 물질의 성질
  - ↳ 물체, 물질, 플라스틱으로 이루어진 물체, 금속으로 이루어진 물체, 나무로 이루어진 물체
- 과학 3학년 - 동물의 생활
  - ↳ 땅에서 사는 동물, 날아다니는 동물, 물에서 사는 동물, 사막/극지방에 사는 동물
- 사회 6학년 - 우리나라의 정치 발전
  - ↳ 민주주의, 국가기관, 정치 참여, 법, 대통령

교육적 효과

- 주어진 자음과 모음을 이용해 단어를 구성해야 하므로, 자연스럽게 어휘력을 확장할 수 있으며 다양한 단어를 생각하며 언어 표현 능력이 강화됩니다.
- 타일을 이용해 단어를 구성하는 과정에서 맞춤법과 문법적인 구조를 보다 깊이 이해할 수 있습니다.
- 제한된 타일과 시간 내에 적절한 타일을 이용하여 단어를 만들어야 하기에 다양한 조건 속에서 최선 해결책을 찾는 경험이 제공되어 문제 해결 능력이 향상됩니다.
- 다양하게 배치되어 있는 타일을 보고 어떤 단어를 만들 수 있는지 인식하는 과정에서 시각적 처리 능력이 향상됩니다. 이를 통해 복잡하고 다양한 정보를 빠르게 처리하고 분석하는 능력을 키울 수 있습니다.

- 제한된 자음과 모음 타일을 조합하여 다양한 단어를 생각하는 과정에서 창의적인 사고 능력이 요구됩니다. 이는 문제에 다각도로 접근하는 능력을 키울 수 있습니다.
- 타일을 배치한 후 단어를 발표하고 이에 대한 타당성을 논의하는 과정에서 의사소통 능력을 기를 수 있습니다.
- 제한된 시간 안에 단어를 만들어야 하기에 집중력이 필요하며 신속한 의사 결정 능력을 강화할 수 있습니다.

창의적인 문장 만들기!
브레인 스톰!

국어 | 수학 | 사회 | 과학 | 영어 | 음악 | 미술 | 체육 | 도덕 | 실과 | 창체

그림 카드 120 장

게임 방법

① 게임 준비

1. 그림 카드 120장을 잘 섞은 후 뒷면이 보이도록 쌓아 카드 더미를 만들어 둡니다.

2. 카드 더미에서 9장을 꺼내 3x3 배열로 앞면이 보이도록 둡니다.

3. 이 게임은 순서가 없습니다. 누구나 생각이 나는 경우 바로 손을 들고 도전하면 됩니다.

☆ 카드를 누군가가 가져가면 사라진 카드수만큼 새로 카드 더미에서 꺼내서 3x3배열을 유지해요.

❷ 게임 진행	
	1. 오픈되어있는 카드 9장 중 2장의 연결점을 찾아야 합니다. * 연결점 : 두 그림을 보고 머릿속에 떠오른 [합성어, 문장, 비유, 영화 제목, 의성어] 등 * 예시: 전구(창의성) + 무한 → 창의성은 무한하다. 2. 생각이 났다면 손을 들고 발언권을 얻어 말합니다. 다른 사람들이 연결점이 합리적이라고 판단한다면 두 장의 카드를 가져가서 본인 앞에 모아놓습니다. (1장당 1점의 점수로 계산합니다.) 3. 게임 참여자들이 문장이 합리적이지 않다고 판단한다면 카드를 가져가지 못합니다. * 예시: 개가 로봇을 발명합니다.....(?!이의 있습니다!) ☆ 카드에 그려진 그림 그 자체가 아닌 성질을 추출하여 연결점을 찾을 수도 있어요. (예 다이아몬드 → 단단함, 풍선 → 떠오름) ☆ 계속해서 사라지지 않고 남아있는 카드는 모두의 동의를 구해 없애는 방법도 있어요.
❸ 게임 종료 가장 많은 카드를 가진 사람 	1. 120장의 카드가 모두 점수가 되어 사라지면 게임이 종료됩니다. 2. 점수를 집계하여 가장 높은 점수를 모은 사람이 승리합니다.

Icon made by Freepik from www.flaticon.com

수업에 도움이 되는 이야기

이야기 이어 만들기

예 4학년 내가 만든 이야기 단원에서 릴레이 이야기 만들기로 진행 가능합니다.

실제 수업 적용 사례 (1) 4학년 1학기 5단원 내가 만든 이야기

- 모둠별로 카드 1세트씩 나눠주기
- 카드 30장씩 펼쳐놓기
- 처음 시작 플레이어를 정하고 진행 방향 정하기
- 자기 순서가 되면 두 장의 카드를 가져가서 한 문장씩 이야기 만들기
- 앞의 사람의 이야기 흐름에 너무 벗어나거나 하면 점수 기록하기(-1점)

↳ 이 방식은 비경쟁적인 방법이기 때문에 학생들에게 협동력, 의사소통 역량을 키워주고 싶을 때 사용합니다.

실제 수업 적용 사례 (2) 4학년 1학기 5단원 내가 만든 이야기

- 모둠별로 카드 1세트씩 나눠주기
- 카드 30장씩 펼쳐놓기
- 처음 시작 플레이어를 정하고 진행 방향 정하기
- 순서 없이 두 장의 카드를 가져가서 한 문장씩 이야기 만들기
- 앞의 사람의 이야기 흐름에 너무 벗어나면 점수 기록하기(-1점)

↳ 이 방식은 경쟁적인 방법이기 때문에 창의적인 아이디어들이 많이 나오지만 학생 수준 차이가 심하면 참여하지 못하는 학생이 발생할 수 있기 때문에 적당히 수준이 비슷한 학생들끼리 모둠을 구성하는 것이 중요합니다.

특정 학생만 답을 계속 맞히는 경우의 대처 방안

1) 학생들의 수준 차이로 인해서 모둠별로 게임을 실시하는 경우 특정 학생만 계속해서 답을 맞히고 카드를 가져가서 다른 친구들은 구경만 하는 경우가 종종 생깁니다. 그럴 때를 대비해서 아래 방법을 활용할 수 있습니다.

(1) 창의성 혹은 활동 참여도를 기준으로 비슷한 수준의 학생끼리 모둠을 편성합니다.

(2) 순서를 정해 30초 안에 말을 해야 하며 말을 못하면 순서가 넘어가도록 규칙을 변경합니다.

규칙 변형

난이도 UP 규칙

1) (연결점 ↑규칙) 2개의 연결점을 찾는 게임에서 3개나 4개의 연결점을 찾는 게임으로 난이도를 올릴 수 있습니다. 이 경우에는 9장을 오픈하고 시작하는 것이 아니라 조금 더 많은 카드를 공개하고 시작하는 것이 좋습니다.
2) (시간제한 규칙) 시계방향 혹은 반시계 방향으로 순서를 정한 후 몇 초 안에 대답하도록 게임을 진행할 수도 있습니다. 이렇게 되면 학생들의 최소 수준 이상의 참여를 유도할 수 있습니다.

유의 사항

연결점의 합리성 판단

너무 깐깐하게 연결성을 판단하게 하면 정상적인 게임이 진행되지 않습니다. 최대한 너그럽고 허용적으로 다른 사람들의 이야기를 들어주는 경청과 허용의 마음가짐을 게임 시작 전에 강조해주는 것이 좋습니다.

다양한 수업 활용 주제 예시

국어 4학년 1학기 - 내가 만든 이야기

↳ 학생들끼리 이야기 이어 만들기

미술 4학년 1학기 - 상상을 통한 주제 그리기

↳ 카드 중 5장 정도를 뽑아 2장 정도를 활용하여 떠오르는 이미지를 창의적으로 그리기 (전체활동)

↳ 혹은 개별로 2장을 뽑은 후 떠오르는 이미지를 그림으로 표현하기

창체 - 학기초 적응활동

↳ 모둠별로 뽑은 카드를 이용하여 모둠 이름 지어보기 활동, 자신을 설명할 수 있는 카드를 찾아 자기 소개하기 활동

교육적 효과

- 추상적인 여러 가지 카드의 모양을 해석하는 과정에서 창의적, 확산적 사고력을 키울 수 있습니다.
- 카드와 카드 간의 연결점을 찾으며 단어끼리의 관계를 말로 풀어내는 과정에서 어휘력이 향상됩니다.
- 다른 플레이어에게 연결점에 대하여 설명해야 하고 필요하다면 자신의 연결점이 합리적이라고 설득하는 과정에서 자연스럽게 의사소통 능력이 향상됩니다.
- 다른 사람의 이야기를 듣는 과정에서 내가 생각하지 못한 다양한 사고 방식을 접할 수 있습니다. 이는 사고 방식을 확장시켜줄 수 있습니다.

스피드 게임으로 상식을 겨뤄보자!

블리츠

국어	수학	사회	과학	영어	음악	미술	체육	도덕	실과	창체

(파란색/보라색 중) 1세트 기준

게임 방법

1 게임 준비

1. 파란색과 보라색 카드 더미 중 한 세트만 사용합니다.

2. 와일드카드와 주제카드를 섞어 60장을 잘 섞은 다음 두 더미로 나누어 한 주먹거리 정도 띄워서 카드 뒷면이 보이도록 놓습니다.

3. 게임 진행 방향을 정하고 게임을 시작합니다.

☆ 적정 인원: 3인~6인

☆ 3인 플레이의 경우 6종류의 색 카드를 전부 사용하면 게임 진행이 어려워요. 2종류 색 카드와 그 색이 포함된 와일드카드를 빼고 시작하세요!

② 게임 진행

1. 자기 차례가 되면 카드 더미 중에서 한 장을 꺼내 자기 앞에 오픈합니다.
2. 카드가 오픈되는 동시에 모든 플레이어는 게임판 위를 보고
   1) 게임판 위에 같은 색상의 카드가 오픈되어 있는 경우 같은 색상의 카드가 오픈된 사람은 서로의 카드를 보고 상대 카드에 적힌 주제 카드에 해당하는 단어를 먼저 외쳐야 합니다. (예 주제: 도시 → 단어: 서울!) 이긴 사람은 방금 겨룬 상대의 카드를 가져와서 자기 앞에 뒤집어 둡니다. 이 카드는 나중에 점수 1점으로 계산합니다.
   2) 게임판 위에 같은 색상의 카드가 없는 경우 와일드카드의 색상도 안 겹치는지 확인하고 안 겹쳤다면 다음 사람에게 순서를 넘깁니다.
3. 맨 위에 있던 카드가 사라지면서 연속해서 대결을 하는 경우도 있으니 끝까지 게임판을 주시합니다.

☆ 카드를 오픈할 때는 공정성을 위해 내 몸쪽으로 당기며 카드를 넘기지 않고, 상대방 쪽으로 카드를 뒤집어야 합니다.

☆ 누가 빨리 외쳤는지는 다른 사람들이 판단해줍니다. 만약 판단하기 어렵다면 재대결을 해요.
(재대결: 더미에서 한 장 꺼내서 먼저 단어를 말하는 사람이 이긴 것으로 판정합니다. 꺼낸 카드는 다시 섞어서 더미 속으로 갑니다.)

③ 게임 진행(와일드카드)

이 경우 노란색과 보라색은
색이 다르지만 대결해야 함.

1. 카드를 오픈했는데 와일드카드가 나오는 경우에는 카드 더미 사이에 올려놓습니다.
2. 와일드카드가 놓여져 있다면 게임 진행 중 와일드카드에 그려져 있는 색의 카드끼리는 같은 색 카드가 아니더라도 대결해야 합니다.
3. 와일드카드는 그 위에 다른 와일드카드가 덮히기 전까지는 계속해서 유효합니다.

☆ 와일드카드로 인해 3명 이상의 플레이어가 대결하는 경우도 생길 수 있습니다. 이 경우에는 대결에 참여하여 먼저 상대 카드중 하나의 단어를 외친 사람이 진 사람의 카드들을 가져가요.

④ 게임 종료

1. 뒤집어 둔 양쪽의 카드 더미가 모두 사라지면 게임을 종료합니다.
2. 가져가서 뒤집어 둔 카드 점수(카드당 1점)가 가장 많은 플레이어가 승리합니다.

Icon made by Freepik from www.flaticon.com

수업에 도움이 되는 이야기

빈 카드 활용

- 카드를 활용하고 싶은 주제를 정하고 해당 주제의 단어를 쭉 정리합니다. 정리한 주제를 거꾸로 봐도 글자를 볼 수 있도록 빈 카드에 적습니다.(아래 그림 참조)

예 4학년 창체 진로수업 - 다양한 직업 조사하기 수업: 다양한 직업을 카테고리로 묶어보기

- 교과 학습에 이용 시 빈 카드를 구입하여 네임펜으로 적어서 활용할 수 있습니다. 빈 카드 양식을 많이 쓰기 힘들다면 기존 카드와 교과 학습 주제 카드를 섞어서 활용할 수 있습니다.
- 와일드카드 룰이 있으면 저학년은 어려워하는 경우가 많아 학년 수준에 맞게 와일드카드를 빼고 플레이하여도 충분히 즐길 수 있습니다.

다양한 수업 활용 주제 예시

- 과학 3학년 - 동물의 한살이
  - 알을 낳는 동물(나비, 새, 개구리, 닭, 잠자리, 고래), 새끼를 낳는 동물(개, 수달, 고양이)
- 실과 5학년 - 생활자원의 관리
  - 분리배출(캔, 유리, 종이류, 종이팩, 일반쓰레기)
- 사회 5학년 - 국토와 우리 생활
  - 지역별 주요 도시 알아보기
    경기도 - 수원, 안산, 광명 / 경상북도 - 구미, 포항, 경주
- 음악 6학년 - 음악 기호 알아보기
  - 음자리표, 조표, 박자표, 음표
- 수학 4학년 - 삼각형과 사각형
  - 사각형(사다리꼴, 평행사변형, 마름모), 삼각형(이등변삼각형, 정삼각형, 예각삼각형)
- 창체 - 진로 탐색
  - 공무원(교사, 경찰, 소방관), 병원(의사, 간호사, 임상병리사),
    법(변호사, 판사, 검사), 과학자(연구원, 개발자, 교수)

교육적 효과

- 특정 주제어에 해당하는 다양한 낱말을 생각하고 인출하는 과정에서 어휘력을 키우고, 대화할 때 단어를 떠올리는 연습의 기회를 주어 유창성을 향상시킬 수 있습니다.
- 연속 대결 등의 상황은 학생들을 몰입시켜 상황 인지 및 대처 능력을 길러줄 수 있습니다.
- 상대방과 나의 카드에 적혀있는 주제 카드를 순식간에 읽어야 하고, 게임판 위의 카드의 색상도 동시에 봐야 하기 때문에 시각적 인지 능력이 향상됩니다.

주제를 보고 관련 단어를 연상해 보자!
워드 캡처

국어 | 수학 | 사회 | 과학 | 영어 | 음악 | 미술 | 체육 | 도덕 | 실과 | 창체

카드 앞면: 주제 카드

카드 뒷면: 단어 이야기 조건 카드

게임 방법

① 게임 준비

1. 사람 수에 따라 아래와 같은 수의 주제 카드를 준비합니다.
   (2~3명: 40장 / 4~6명: 50장)

2. 모든 카드의 뒷면(단어 이야기 조건 카드)이 보이게 잘 섞어서 더미로 만듭니다.

3. 카드를 잘 섞은 후 맨 위 카드 1장을 앞면이 보이게 뒤집으면 게임이 시작됩니다.

2 게임 진행 및 종료 (1)

▶ 펼쳐진 주제 카드에 적힌 알파벳이 더미에 있다면?

1. 단어를 이야기할 수 있는 조건에 맞게 주제와 연상되는 단어 1가지를 이야기하고 주제 카드에 손을 얹습니다.
2. 마지막까지 단어를 이야기하지 못한 사람은 공개된 주제 카드(카드 앞부분)를 받습니다.
3. 카드 더미에 카드가 남아 있지 않으면 게임이 종료됩니다.
4. 카드 개수가 가장 적은 사람이 게임의 승자가 됩니다.

☆ 단어 이야기 조건을 어긴 사람은 공개된 주제 카드를 받아요.

☆ 2명 이상 동시에 단어를 말하면 그 사람들 모두 카드를 받아요.(공개된 주제 카드를 먼저 받고 부족한 만큼을 더미에서 가져가요.)

3 게임 진행 및 종료 (2)

▶ 펼쳐진 주제 카드에 적힌 알파벳이 더미에 없다면?

1. 공개된 주제 카드에 재빨리 손을 얹습니다.
2. 마지막에 손을 얹은 사람이 공개된 카드를 받아야 합니다.
3. 카드 더미에 카드가 남아 있지 않으면 게임이 종료됩니다.
4. 카드 개수가 가장 적은 사람이 게임의 승자가 됩니다.

4 특수 조건

▶ 특이한 단어 이야기 조건

1. □글자! - 모든 플레이어가 해당 글자 수로 이루어진 연상 단어를 이야기합니다.
2. 1, 2, 3, 4, 5! - 1글자, 2글자, 3글자, 4글자, 5글자로 이루어진 연상 단어를 순서대로 이어나가며 이야기합니다.
3. □/□ - 해당 라운드에 자음/모음이 주제가 될 경우, 첫 글자가 해당 자음/모음으로 시작하는 단어를 단어 이야기 조건에 맞게 이야기합니다.

☆ 특이한 단어 이야기 조건 중 1번과 2번은 카드 뒷면에 적혀있고, 3번은 카드 앞면에 적혀있어요.

수업에 도움이 되는 이야기

주제 카드 앞면 내용을 변경

- 카드를 활용하고 싶은 주제를 정하고 해당 주제의 단어를 쭉 정리합니다. 정리한 단어를 빈 주제 카드 틀에 적습니다.

예 4학년 과학 지층과 화석

예 6학년 과학 우리 몸의 구조와 기능

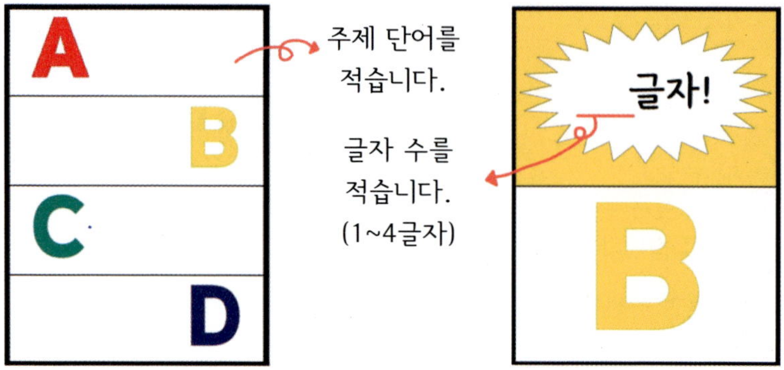

- 빈 카드 양식 활용하는 방법
  1) 빈 카드를 컴퓨터로 편집하여 프린트 후 바로 사용하는 방법
  2) 빈 카드 자체를 편집 없이 프린트 후 코팅하여 매직으로 문제 카드를 작성하는 방법
  └ 해당 방법을 사용하면 아이들이 직접 주제 카드를 만들 수 있어 복습 효과가 높아집니다.

빈 카드 양식을 바로 내려받을 수 있는 QR 코드 →

※ 두꺼운 A4 종이에 양면 인쇄하는 것을 추천합니다.

- 단어를 복습하거나 위 단어와 관련한 실생활 경험을 떠올릴 때도 활용하기에 좋습니다.

  예 카드에 화석이 적혀있는 경우 공룡박물관(해남)처럼 본인이 다녀왔던 경험을 떠올려 이야기할 수 있도록 합니다.

- 빈 주제 카드를 이용하여 게임 진행 시, 빈 주제 카드가 나오면 수업 주제 중 본인이 원하는 단어를 떠올려서 이야기할 수 있습니다.

예 6학년 과학 우리 몸의 구조와 기능

혈액 / 순환 / 정맥 / 동맥 등
수업 주제와 관련 있는 단어 중
단어 이야기 조건 카드에 맞는 단어를
자유롭게 이야기할 수 있습니다 .

규칙 변형

- 주제 카드에 맞는 단어를 이야기할 때 시간 제한을 둠으로써 아이들의 수준별로 난이도 조절을 할 수 있습니다.

  예 해당 주제를 어려워하는 모둠: 10초 이상, 해당 주제를 잘하는 모둠: 5초로 제한

유의 사항

- 정답을 말하면서 카드 더미 위로 손을 올릴 때 다른 사람의 손을 세게 치는 경우가 있으므로 게임 시작 전, 미리 안내합니다.

다양한 수업 활용 주제 예시

- 사회 6학년 - 우리나라와 가까운 나라들
  ↳ 자연환경, 인문환경, 지형, 이웃한 나라, 음식, 기후, 관광 산업
- 과학 6학년 - 우리 몸의 구조와 기능
  ↳ 소화, 공기, 폐, 기관, 산소, 심장
- 미술 6학년 - 미술 사조
  ↳ 현대 미술, 낭만주의, 인상주의, 르네상스, 팝 아트

교육적 효과

- 단어를 찾고 만드는 게임이므로 게임을 접하는 학생들은 다양한 단어를 접하게 되고, 이를 통해 어휘력을 향상시킬 수 있습니다. 특히, 새로운 단어를 배우고 그 의미를 이해하는 과정에서 어휘력이 크게 증가합니다.

- 게임 과정에서 정확한 철자를 사용해야 하기 때문에 철자법에 대한 이해가 높아집니다. 이는 특히 철자 학습을 정확하게 해야 하는 초등학생들에게 유익하며, 철자 오류를 줄이는 데 도움이 됩니다.

- 주어진 글자들로 다양한 단어를 만들어 내는 과정에서 창의적 사고가 요구됩니다. 제한된 조건으로 최대한 많은 단어를 만들어 내려는 노력은 창의성을 자극합니다.

- 게임 내에서 빠르고 정확하게 단어를 찾기 위해서는 높은 집중력과 주의력이 필요합니다. 이러한 과정은 자연스럽게 게임에 참여하는 학생들의 집중력과 주의력을 향상하는 데 도움이 됩니다.

- 다인용 게임이므로, 다양한 학생들과 함께 게임을 즐길 수 있습니다. 이를 통해 협력과 경쟁의 재미를 느끼며, 사회적 상호작용 능력을 기를 수 있습니다.

- 게임을 통해 자연스럽게 학습하도록 도와줌으로써, 학습에 대한 긍정적인 태도를 형성하는 데 기여합니다.

척하면 척, 눈치를 발휘하여 답을 맞혀 보자!
워드 캡처 티키? 타카!

국어	수학	사회	과학	영어	음악	미술	체육	도덕	실과	창체

카드 앞면: 주제 카드

카드 뒷면: 단어 이야기 조건 카드

게임 방법

① 게임 준비

1. 각 플레이어는 카드를 3장씩 가져와 자기 앞에 놓습니다.
2. 나머지 카드에서 60장을 한 더미로 만들어 잘 섞습니다.
3. 카드 뒷면(단어 이야기 조건 카드)이 보이도록 테이블 중앙에 놓습니다.
4. 카드를 잘 섞은 후 더미 맨 위 카드 1장을 앞면이 보이게 뒤집으면 게임이 시작됩니다.

② 게임 진행

'리트'를 외친 사람이 리더가 됩니다!

1. 모든 플레이어는 방금 공개된 카드에서 더미와 일치하는 기호의 주제를 확인하고, 그 주제와 관련된 단어를 글자 조건에 맞게 외쳐야 합니다.
2. 이때, 가장 먼저 외친 플레이어는 리더, 이후에 외치는 플레이어는 팔로워가 됩니다.

☆ **□■■ (3글자) - 리더가 한 글자, 팔로워가 두 글자를 외쳐요.**

	☆ □□■ (3글자) - 리더가 두 글자, 팔로워가 한 글자를 외쳐요. ☆ □□■■ (4글자) - 리더가 두 글자, 팔로워가 두 글자를 외쳐요. ☆ 빠르게 외치는 것도 중요하지만, 남들과 겹치지 않게 잘 외치는 것도 중요해요!
③ 게임 진행(확인해요) 누군가 단어를 외치면 다음과 같은 상황이 발생합니다.	1. 1명의 리더와 1명의 팔로워가 함께 만든 단어가 주제와 맞는 경우! → 두 플레이어는 더미에서 카드를 한 장씩 가져갑니다. 2. 1명의 리더와 1명의 팔로워가 함께 만든 단어가 주제와 맞지 않는 경우! → 리더가 생각한 단어가 주제와 맞으면 팔로워는 카드를 한 장 버립니다. 3. 1명의 리더가 외치고 10초가 지나도 팔로워가 나오지 않는 경우! → 다음 라운드로 넘어갑니다. 이때, 리더가 생각한 단어가 주제와 맞지 않으면 리더는 카드를 한 장 버립니다. 4. 두 플레이어 이상이 동시에 단어를 외친 경우! → 외친 플레이어는 모두 카드를 한 장씩 버립니다.
④ 게임 종료 	1. 더미에 카드가 1장 이하로 남게 되면 게임이 끝납니다. 2. 카드를 가장 많이 가진 사람이 승리합니다.

Icon made by Freepik from www.flaticon.com

수업에 도움이 되는 이야기

주제 카드 앞면 내용을 변경

- 카드를 활용하고 싶은 주제를 정하고 해당 주제의 단어를 쭉 정리합니다. 정리한 단어를 빈 주제 카드 틀에 적습니다.

  예 6학년 사회 민주정치의 원리와 국가기관의 역할

  6학년 사회 지구, 대륙 그리고 국가들

  예 창체 진로 수업

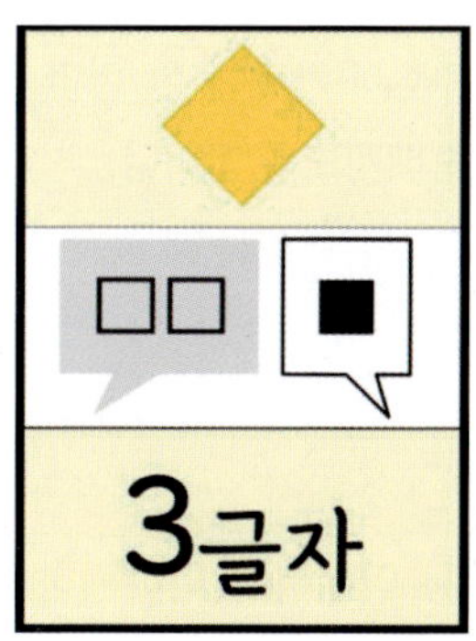

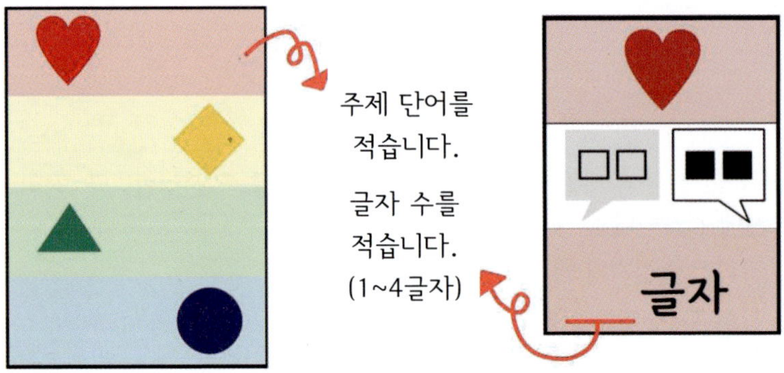

- 빈 카드 양식 활용하는 방법
  1) 빈 카드를 컴퓨터로 편집하여 프린트 후 바로 사용하는 방법
  2) 빈 카드 자체를 편집 없이 프린트 후 코팅하여 매직으로 주제 카드를 작성하는 방법
  ↳ 해당 방법을 사용하면 아이들이 직접 주제 카드를 만들 수 있어 복습 효과가 높아집니다.

빈 카드 양식을 바로 내려받을 수 있는 QR 코드 →

※ 두꺼운 A4 종이에 양면 인쇄하는 것을 추천합니다.

- 교과 학습에 이용 시 실제 제작한 카드로만 수업을 진행하는 방법도 있고, 기존 카드와 교과 학습 주제 카드를 섞어서 활용하는 방법도 있습니다.
- 어려워하는 단어는 주제 카드에 한 번만 들어가는 것이 아니라 반복적으로 제시하여, 학생들이 그 단어에 익숙해지도록 합니다.
- 주제 카드를 만들기 전 학생들과 충분히 브레인스토밍하는 시간을 가져 그 주제에 대해 충분히 생각할 수 있게 합니다.

유의사항

- 뒤집기도 전에 먼저 아무거나 이야기하는 경우가 있으므로, 카드가 뒤집히고 카드 더미 위로 손을 올릴 수 있게 안내합니다.
- 정답을 말하면서 카드 더미 위로 손을 올릴 때 다른 사람의 손을 세게 치는 경우가 있으므로 게임 시작 전 미리 안내합니다.
- 게임 시작 전 이 게임의 목적과 의미에 대해 이야기 한 후 게임을 진행함으로써 과열된 경쟁을 막을 수 있습니다.

다양한 수업 활용 주제 예시

- 과학 4학년 - 혼합물의 분리

  ↳ 호수, 사해, 혼합물, 알갱이의 크기, 자석에 붙는 성질, 고체 혼합물, 거름 장치, 물에 녹는 물질, 녹지 않는 물질, 증발, 철, 모래, 소금, 체, 일상생활, 분리, 물질의 성질

- 창체 - 진로수업

  ↳ 가구, 감정, 동물, 산, 도시, 치료, 병원, 취미, 불, 물, 빵, 가수, 배우, 판사, 의사, 검사, 변리사, 아나운서, 성우, 간호사, 변호사, 회계사, 선생님

교육적 효과

- 플레이어가 주어진 주제와 관련있는 단어를 연상하는 게임입니다. 이를 통해 새로운 단어를 접하고, 이미 알고 있는 단어를 강화하는 데 도움을 줍니다. 어휘력이 향상됨으로써 표현력과 이해력이 높아집니다.

- 게임이 진행되는 동안 지속적으로 주의를 기울여야 하므로 집중력이 향상됩니다.

그림 카드를 이용한 이야기 만들기!
이야기톡

국어 | 수학 | 사회 | 과학 | 영어 | 음악 | 미술 | 체육 | 도덕 | 실과 | 창체

하드케이스 게임메뉴얼

그림 카드

게임 방법

1 [1~2학년] 네버엔딩스토리

철수와 영희는 어릴 때부터 친하게 지냈습니다.

⇨

중학생이 되자 사춘기가 온 둘은 점점 어색해졌습니다.

⇨

성인이 된 철수는 휴학하고 군대를 갔습니다.

1. 이야기꾼 1명당 5장의 카드를 나눠 가집니다. 손에 든 카드는 언제나 5장을 유지해야 하며, 1장을 내려놓게 되면 새롭게 카드 더미에서 1장을 가져가 보충해야 합니다.
2. 남는 카드들은 뒷면으로 뒤집어 더미를 만들어 둡니다.
3. 첫 번째 이야기꾼은 1장을 내려놓으며 이야기를 말합니다. (+카드 더미에서 1장 보충합니다.)
4. 두 번째 이야기꾼은 앞에 이야기에서 이어지는 이야기를 하며 카드를 내려놓습니다.

☆ 적정인원: 2~8명 / 추천 대상: 초등 1~2학년 학생

☆ 이어지는 내용으로 카드를 내려놓을 수 없는 사람이 나오면 그 사람이 패배하여 게임이 종료되는 룰을 추가하면 경쟁의 재미를 더할 수 있어요.

② [1~4학년] 동상이몽 게임

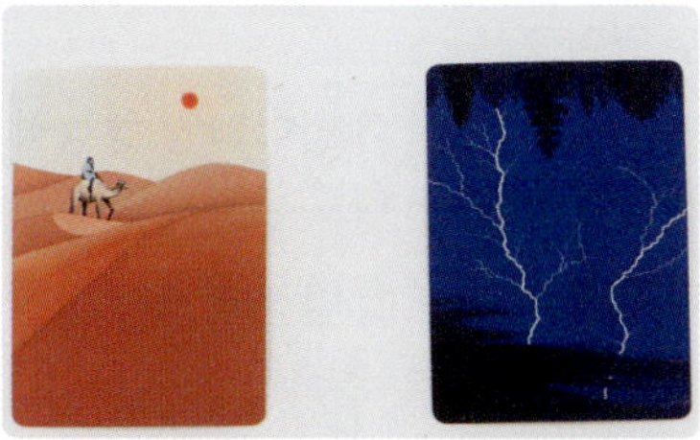

사막을 지나고 있는데 번개가 쳤습니다.

번개가 치던 밤에 낙타를 타고 사막을 지나고 있었습니다.

한 여행자가 저주받은 마녀의 땅을 지나고 있었습니다. 낮에는 햇빛이 작렬하고, 밤에는 천둥번개가 내렸습니다.

1. 이야기꾼끼리 논의하여 이야기를 만들고 싶은 그림 카드 2장을 고릅니다.
2. 이야기꾼 각자 같은 그림 카드를 보고 떠오르는 이야기를 말합니다.
3. 친구들의 이야기 중 가장 마음에 드는 이야기에 투표합니다.
4. 가장 많은 표를 받은 사람이 1등이 됩니다.

☆ 적정인원: 3~6명 / 추천 대상: 초등 1~4학년

☆ 그림 카드 장수를 늘려서 난이도를 조절할 수 있어요.

☆ 모둠별로 게임을 하는 것도 좋지만 실시간 답변 공유 프로그램을 활용하면 교실 전체 학생을 대상으로도 진행 가능해요.
(예 아이스크림 - 클래스툴)

③ [4~6학년] 황당한 이야기 만들기 게임

어떤 남자가 적은 소원을 전부 이루어 준다는 노트를 주웠습니다.

아내가 임신하게 해달라는 소원을 빌었고, 아내는 배가 불렀습니다.

이런, 의사선생님이 보시더니 이건 임신이 아니고 배에 가스가 찬 거라고 하시네요!

1. 10장에서 20장의 카드를 나란히 순서대로 뒤집어 놓습니다. (여기서 말하는 카드의 장수는 이야기의 길이를 결정합니다. 카드 장수는 학생 수준에 맞게 조절합니다.)
2. 순서를 돌려가며 차례대로 카드를 한 장씩 뒤집으며 현실에서 일어나지 않을 법한 황당하고 어이없는 이야기를 만듭니다.
3. 자신의 차례에 뒤집은 카드로 이어지는 이야기를 만들 수 없는 경우, 카드를 다시 뒤집어 놓고 순서를 넘깁니다.
4. 이야기꾼은 다른 이야기꾼의 이야기가 재미가 없거나 황당하지 않은 경우 "야 덮어!"를 외칠 수 있습니다. 이 경우 강제로 카드를 뒷면으로 되돌리고 이 능력은 한 이야기꾼별로 2번씩만 사용 가능합니다.
5. 모든 카드를 소진하고, 카드 마지막 장을 뒤집는 이야기꾼은 이야기의 결말을 지어야 합니다.

☆ 적정인원: 4~6명 / 추천 대상: 초등 4~6학년

	✩'황당하고 어이없는 이야기' 말고도 '눈물 없이는 볼 수 없는 이야기', '권선징악 이야기' 등 다양한 주제로 게임을 변형해볼 수 있어요, ✩같이 이야기를 만들어가는 협력 게임이지만 경쟁적 요소를 넣고 싶으면 이야기를 못 잇는 경우에는 벌점으로 자기 자리에 카드를 가져가고, 벌점 카드가 가장 적은 플레이어가 승리하는 룰을 추가할 수 있어요. (이때, 야 덮어!의 횟수 제한이나 금지 필요!)
4 [4~6학년] 롱 스토리 게임 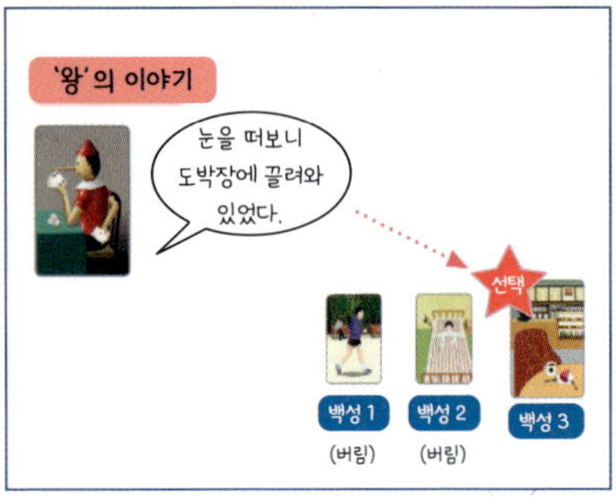 	1. 이야기꾼 모두 그림카드를 3장씩 나눠 갖습니다. 나머지 카드는 더미를 만들어 가운데에 둡니다. 2. 첫 번째 이야기꾼은 '왕' 나머지는 '백성'이 됩니다. 3. 왕은 자기 카드 중 1장을 꺼내서 아무 이야기나 만듭니다. 4. 백성들은 왕의 이야기에 이어질 그림을 내면서 이야기를 말합니다. 왕은 백성들이 낸 이야기들 중 가장 마음에 드는 이야기를 선택합니다. * 선택받지 못한 그림 카드는 버리고, 카드가 버려진 백성은 더미에서 1장을 가져옵니다. 5. 선택받았던 백성이 이제 왕이되어서 [4번 과정]을 반복합니다. 다른 이야기꾼들이 내용을 잊어버렸을 수 있으므로 다시 이야기를 읽어주세요. 6. 가장 빨리 카드를 소진한 이야기꾼이 승리합니다. ✩적정인원: 4~6명 / 추천대상: 초등 5~6학년 ✩학교에서는 친한 친구끼리만 서로 선택하는 경우가 있을 수 있어요. 방금 나를 선택한 왕은 내가 다시 선택할 수 없도록 룰을 추가해주는 게 좋아요.

수업에 도움이 되는 이야기

이야기 만들기

- 그림 카드를 활용하여 이야기를 구상하는 방법으로 국어 수업에 활용할 수 있습니다.

예 4학년 1학기 5단원 내가 만든 이야기

1) 그림 카드를 3장씩 뽑은 후, 3장씩 6세트를 칠판에 붙입니다.

2) 학생들은 6세트 중 한 세트를 골라 그 그림 카드로 이야기를 만듭니다.

3) 만든 이야기는 클래스툴 혹은 활동지에 적어서 반 전체 학생들과 같이 감상하고 공유합니다.

4) 학생들과 이야기를 같이 읽어가며 감상합니다.

예 4학년 1학기 5단원 내가 만든 이야기

1) 똑같은 개수의 그림 카드를 나누어 가집니다.

2) 그림 카드를 최대한 많이 사용하여 이야기를 만듭니다.

3) 가장 많은 카드를 이용해서 자연스러운 이야기를 만든 사람이 승리합니다.

유의 사항

- 가이드북을 보면 이야기톡을 활용하여 할 수 있는 다양한 활동들이 있습니다. 본문에 없는 게임들도 많으니 읽어보고 우리 교실에 가장 적합한 게임으로 진행해 보세요.

다양한 수업 활용 주제 예시

- 국어 4학년 - 내가 만든 이야기
  - ↳ 그림의 차례를 정해 이야기 꾸미기, 사건의 흐름 파악하여 이야기 만들기, 이어질 내용 상상해 쓰기, 자신이 상상한 이야기를 친구들에게 들려주기 등.
- 국어 5학년 - 주인공이 되어
  - ↳ 겪은 일을 이야기로 만들기.
- 창체 - 어울림 프로그램
  - ↳ 그림 카드를 공감 카드처럼 활용하여 친구들과 감정 나누기.

교육적 효과

- 이야기를 만들 때 이야기가 논리적이고 일관되게 전개되도록 고민해야 합니다. 이를 통해 논리적 사고 능력이 발달하게 됩니다.
- 학생들은 카드에 제시된 단어와 이미지를 바탕으로 이야기를 만들어야 합니다. 이를 통해 다양한 이야기를 만들어내는 과정에서 창의력을 키울 수 있습니다.
- 게임을 진행하면서 자신의 이야기를 다른 친구들에게 설명해야 하기 때문에, 자연스럽게 의사소통 능력이 향상됩니다.
- 게임 카드에 다양한 그림 카드가 포함되어 있어, 게임을 진행하면서 자연스럽게 다양한 그림을 접할 수 있습니다. 또한, 다른 사람의 이야기를 듣는 과정에서 많은 종류의 단어를 학습할 수 있습니다. 이를 통해 사고력 향상과 어휘력 확장에 큰 도움을 줍니다.

한글 초성으로 시작하는 단어를 빨리 외쳐라!
테마틱

국어 | 수학 | 사회 | 과학 | 영어 | 음악 | 미술 | 체육 | 도덕 | 실과 | 창체

자음 카드

점수 카드

테마 카드

게임 방법

1 게임 준비

1. 점수 카드 20장을 4장(가로)×5장(세로) 형태로 펼쳐 놓습니다.

2. 자음 카드를 잘 섞은 후 5장을 뽑아 각각 1점 카드 옆에 놓습니다.

☆ 모둠원은 2~10명까지 가능해요!

2 게임 진행 1

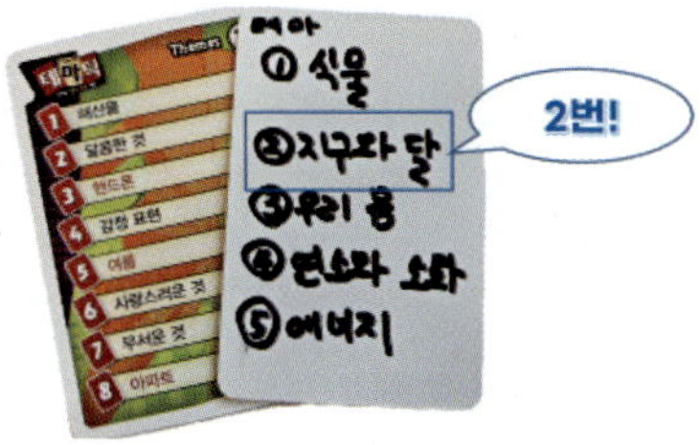

1. 테마 카드를 잘 섞은 뒤, 한 장을 뒷면으로 뽑습니다.
2. 가위바위보를 하여 선을 정하고, 선은 1~8중 하나의 숫자를 외치면서 테마 카드 1장을 뒤집습니다.

※예시처럼 테마 카드를 만들었을 때는 태마 개수만큼 외칩니다.

3. 선이 외친 번호의 단어가 이번 라운드의 주제어가 됩니다.

> 게임의 테마 카드 활용
>
> - 검은색 글자: 해당 주제어의 종류나 하위 분류를 말합니다.
> - 빨간색 글자: 해당 주제어의 종류나 분류, 연상되는 단어를 말합니다.

☆테마 카드 중 오른쪽 위 번호가 무지개색으로 표시된 카드는 비교적 쉽고 명확한 주제어들만 모여있어요! 저학년은 무지개색 테마 카드를 사용하면 좋아요!

3 게임 진행 2

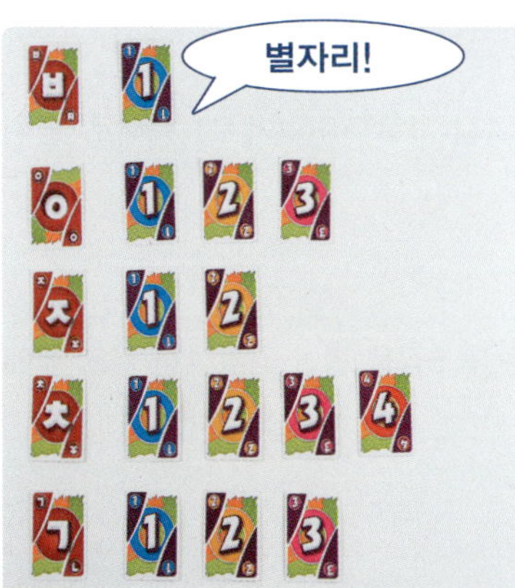

1. 자음 카드의 자음으로 시작하는 주제어와 관련된 단어를 외칩니다.
2. 가장 빨리 외치는 학생은 그 줄에 있는 가장 높은 점수의 카드를 가져갑니다.

※ 누군가 말한 단어에 대해 '주제에 맞지 않는다.'는 이의 제기가 가능합니다. 이때, 과반수가 동의해야 점수 카드를 가져갈 수 있습니다.

☆관련된 단어를 빠르게 외쳐야 높은 점수의 카드를 받을 수 있어요! 늦게 말할수록 낮은 점수의 카드가 남으니, 빠르고 신속하게 그리고 관련된 단어를 말하는 것이 게임 전략!

☆한 번 정답을 외친 후에도 연속해서 정답을 외칠 수 있어요! 점수 카드를 많이 모을수록 승리에 가까워 지겠죠?

4 게임 종료

1. 자음 카드 1줄의 점수 카드를 모두 가져가면 게임이 종료됩니다.

- 2~4인: 1줄을 모두 가져가면 게임 종료
- 5~10인: 2줄을 모두 가져가면 게임 종료

2. 각자 획득한 점수 카드를 더해 점수를 계산합니다.

3. 점수 카드를 다시 정리하여 게임 준비 형태를 만들고 새로운 자음 카드 5장을 뽑아 카드를 배열합니다.

4. 같은 방법으로 총 5라운드를 진행합니다.

☆ 점수 기록지가 따로 필요한 경우에는 행복한 바오밥 홈페이지 자료실에서 다운받아 사용할 수 있어요!

수업에 도움이 되는 이야기

테마 카드 앞면 내용을 변경

- 카드를 활용하고 싶은 단원이나 주제를 정하고 단원, 주제와 관련된 단어를 생각그물로 빈 종이에 그려봅니다. 그중, 중요한 단어를 정리하여 빈 주제 카드 목록에 적습니다.

  예 6학년 과학 지구와 달

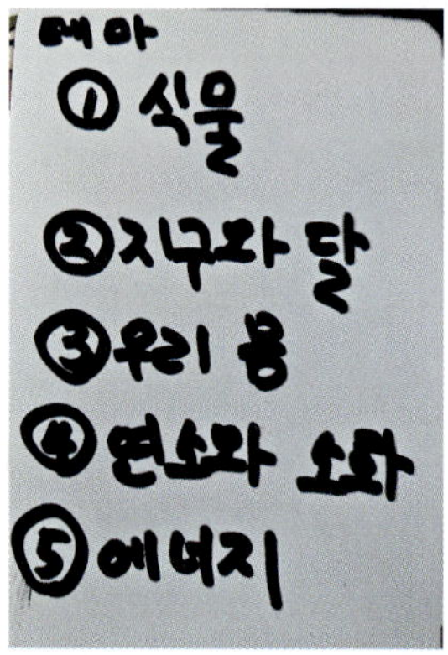

- 학생들이 직접 다양한 주제어를 작성하여 복습에 활용하거나 창체 시간에 다양한 주제로 확장이 가능합니다.

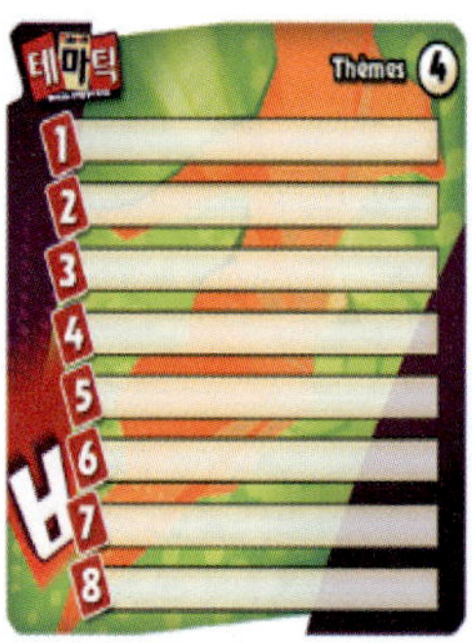

※출처: 행복한 바오밥 누리집

빈 테마 카드와 점수표 양식을 바로 내려받을 수 있는 QR 코드 →

다양한 수업 활용 주제 예시

- 국어 1학년 - 받침이 있는 글자
  - ↳ 한글 익히기에 초점을 맞추기 위해, 테마 카드 없이 받침이 있는 글자 자유롭게 말하기
- 사회 5학년 - 역사(옛사람들의 삶과 문화, 사회의 새로운 변화와 오늘날의 우리)
  - ↳ 주제 카드 시대순별로 바꾸어 활용하기
    (삼국시대-고려시대-조선시대-일제강점기-광복 이후)
- 과학 6학년 - 단원 정리하기
  - ↳ '지구와 달', '우리 몸의 구조와 기능' 등 단원의 주요 개념 복습 시 활용

교육적 효과

- 어휘력과 언어 능력 향상에 도움이 됩니다. 주어진 자음 카드와 주제에 맞는 단어를 빠르게 떠올리는 과정에서 학생들은 다양한 어휘를 학습하고 사용하게 되며, 새로운 단어를 습득하고 반복적으로 연습하면서 어휘력이 향상됩니다. 이때, 자신이 아는 단어를 최대한 정확하게 표현해야 하므로 언어적 능력또한 발전시킬 수 있습니다.
- 창의적 사고와 문제 해결 능력을 기를 수 있습니다. 제한된 자음과 주제 내에서 단어를 만들어 내야 하기 때문에 학생들은 평소에 생각하지 못한 단어를 떠올리거나 주제에 맞는 독특한 단어를 찾는 과정에서 창의적 사고와 문제 해결 능력을 기를 수 있습니다. 이는 다양한 상황에서 유연하게 생각하고 접근하는 능력을 키워줍니다.
- 사회적 상호작용과 협동심을 길러줄 수 있습니다. 학생들은 게임을 하며 다른 학생들과 소통하고 협력하는 과정을 통해 게임의 규칙을 이해하고 준수하며, 다른 학생들의 의견을 듣고 존중하는 과정에서 사회적 상호작용 능력이 향상됩니다. 또한 단어가 생각이 나지 않을 경우, 모둠 친구들이 도와주고 도와준 친구에게 보너스 점수를 주는 등 협력적인 분위기 형성을 통해 협동심을 기를 수 있습니다.
- 주제 이해와 연결성 강화를 통해 언어적, 인지적 능력을 발달시킬 수 있습니다. 학생들은 다양한 주제에 맞는 단어를 생각하는 과정에서 특정 주제에 대한 이해를 깊이 할 수 있습니다. 또한 주제와 관련된 단어들을 떠올리고 연결하는 능력이 강화되며, 이를 통해 사고의 폭이 넓어지고 주제에 대한 심화 학습이 이루어질 수 있습니다.

터지기 전에 생각해 내자, 빨리빨리!

폭탄 돌리기

국어 | 수학 | 사회 | 과학 | 영어 | 음악 | 미술 | 체육 | 도덕 | 실과 | 창체

앞 뒤

주제 카드 55 장

폭탄

게임 방법

1 게임 준비

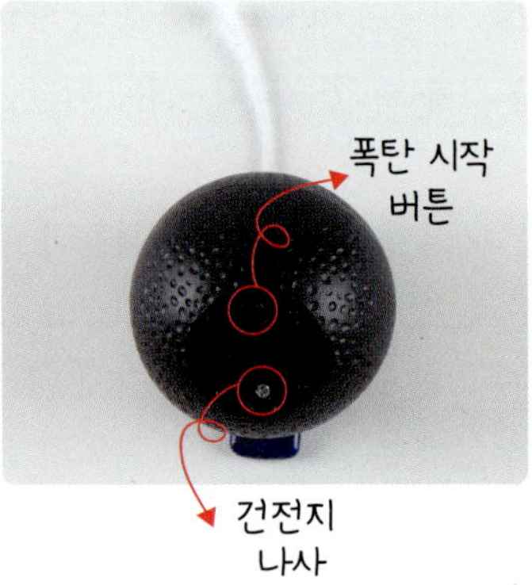

1. 아래쪽 버튼을 누르면 폭탄이 켜집니다.

2. 폭탄을 켠 후, 일정한 시간이 지나면 '쾅'하는 폭탄 터지는 소리가 납니다.

3. 폭탄이 터지는 데 걸리는 시간은 폭탄을 켤 때마다 바뀝니다.

☆ 폭탄에 건전지를 넣는 부분이 나사로 잠겨 있어요. 뾰족한 물건으로 풀 수는 있지만 오래 걸리기에 십자 드라이버 사용을 추천해요.

☆ 구성품 안에 AAA 건전지는 없으니 따로 구매 해야 해요!

② 게임 준비

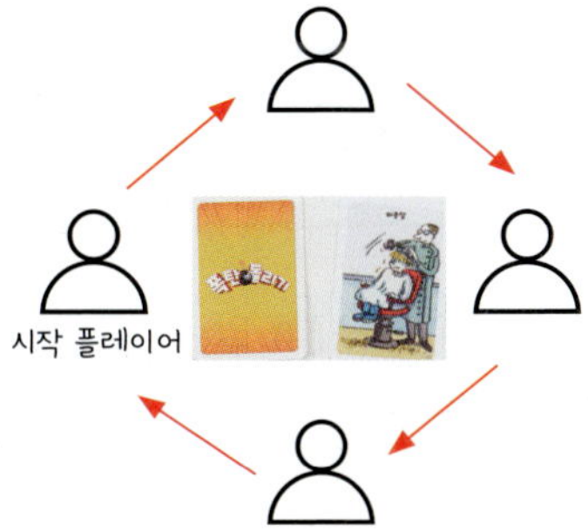

1. 카드를 섞고 난 후 10장을 뽑아 가운데에 뒷면으로 카드 더미를 만들어 둡니다. 남은 카드는 보관함에 넣어둡니다.
2. 첫 번째 라운드에서 카드를 뽑을 사람을 정하고 해당 플레이어는 폭탄을 가져갑니다.
3. 라운드가 시작되면 폭탄을 켜고 난 후, 곧바로 카드 1장을 뽑아 모두가 볼 수 있도록 중간에 카드를 둡니다.

★ 카드를 뽑는 사람이 카드에 적힌 단어를 외치고 시작한다면 모든 플레이어는 어떤 단어가 나왔는지 인지할 수 있어요. 중간에 카드를 둬도 되지만 카드를 뽑는 사람이 적힌 단어를 큰 소리로 외치는 것도 갈등을 예방하는 방법 중 하나!

③ 게임 진행

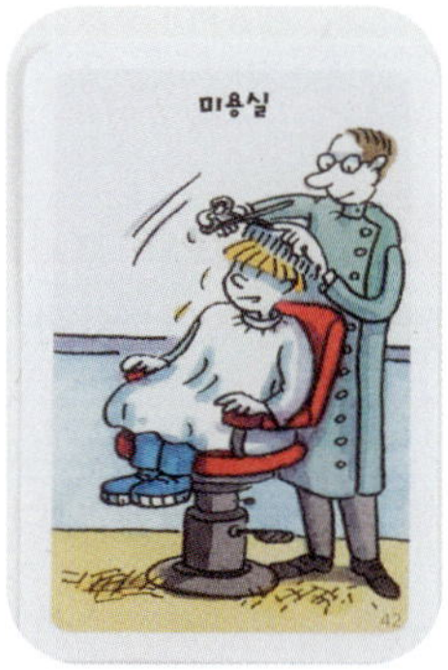

- 주제: 미용실
- 예시 답안: 가위, 거울, 머리, 파마, 이발사, 염색 등

1. 카드에 나온 주제에 알맞은 단어를 하나 빨리 말한 후, 들고 있는 폭탄을 왼쪽 사람에게 넘깁니다.
2. 카드와 상관없는 단어 혹은 해당 라운드에 이미 말한 단어를 말하면 무효입니다.
3. 올바른 단어를 말하기 전에는 폭탄을 넘길 수 없습니다.
4. 폭탄이 터지면 해당 라운드가 끝납니다. 폭탄이 터지는 순간, 폭탄을 가지고 있던 사람은 이번 라운드의 주제 카드를 가지고 갑니다.
5. 그 사람이 다음 라운드의 폭탄을 켜고 새 주제 카드를 펼쳐 새 라운드를 시작합니다.

★ 폭탄을 넘기는 중에 폭탄이 터지면 받는 쪽 사람이 폭탄을 가지고 있는 것으로 간주해요.

❹ 게임 종료

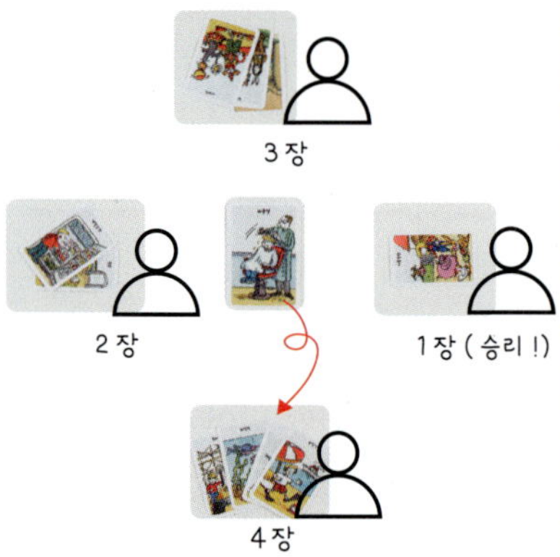

1. 10라운드가 끝나면(카드 10장을 모두 사용하면) 게임이 끝납니다.
2. 카드를 제일 적게 가지고 있는 사람이 승리합니다.
3. 만약 동점자가 있다면 동점자끼리 결승전을 벌여 승자를 가립니다.

☆ 모든 플레이어가 한 번씩 돌아가며 말했다고 해당 라운드가 끝나는 게 아니에요. 폭탄이 터질 때까지 계속 돌아가며 단어를 말하고, 폭탄이 터져야 그 라운드가 끝이 나게 돼요.

수업에 도움이 되는 이야기

폭탄 구성품 활용

- 카드를 제작하기 귀찮으면 폭탄만 활용하는 것도 좋은 방법입니다. 이 경우 교사가 ppt 혹은 칠판에 문제 낱말을 제시하고 모든 학생이 돌아가면서 관련 단어를 외치는 학급 전체 활동으로 가져갈 수도 있습니다.
- 흔히들 사용하는 'Pass the ball' 활동에서 폭탄 구성품을 추가 활용하는 것과 같습니다.

카드의 주제 단어 변경

- 수업이나 단원을 끝낸 후 수업과 관련된 단어를 뽑아 정리합니다. 이때 제작하는 카드에 들어갈 단어는 학생들이 직접 뽑아 제작할 수 있도록 하는 것도 좋습니다.
- 학생들이 직접 만든 카드를 모아두는 것을 추천합니다. 해당 과목/ 단원 혹은 한 학기가 끝난 후, 학생들이 만든 카드를 모두 모아 게임을 하면 복습 효과가 극대화됩니다.

게임 구성품 속의 카드에는 낱말과 해당 낱말을 나타내는 그림도 함께 그려져 있는데 낱말만 적어도 괜찮습니다. 다만, 읽는 사람에 따라 해석을 다양하게 할 수 있는 낱말의 경우에는 그림도 함께 그려두는 것이 좋습니다.

예 5학년 과학 태양계와 별

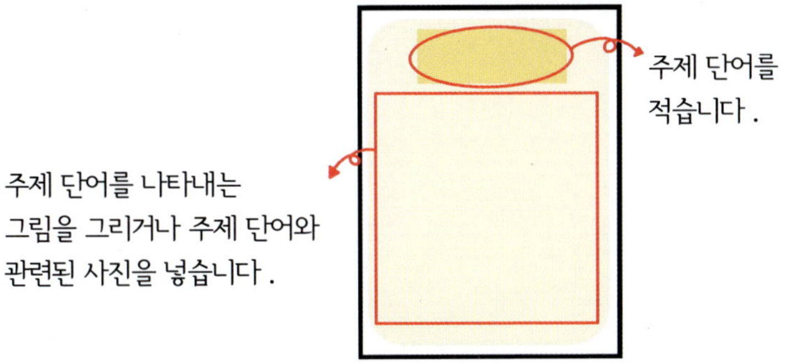

빈 카드 양식 활용하는 방법

1) 빈 카드를 컴퓨터로 편집하여 프린트 후 바로 사용하는 방법

2) 빈 카드 자체를 편집 없이 프린트 후 코팅하여 마카펜으로 문제 카드를 작성하는 방법

↳ 해당 방법을 사용하면 아이들이 직접 주제 카드를 만들 수 있을 뿐만 아니라 사용 후, 글자를 지우고 재사용할 수 있어 활용도가 높습니다.

3) 빈 카드 자체를 편집 없이 프린트 후 코팅하여 네임펜으로 문제 카드를 작성하는 방법

↳ 해당 방법은 아이들이 만든 카드를 오랜 시간 보관하고 싶을 때 사용하는 것을 추천합니다.

마카펜은 재사용이 쉽지만 글자가 지워질 우려가 있습니다. 반면, 네임펜은 재사용은 어렵지만 글자가 지워질 우려가 없어 오랜 시간 반복 사용이 가능합니다.

빈 카드 양식을 바로 내려받을 수 있는 QR 코드 →

※ 두꺼운 A4 종이에 인쇄하는 것을 추천합니다.

더 쉬운 카드 제작 방법

- 인덱스 카드 활용 문구점에 가면 카드 링으로 끼운 인덱스 카드를 쉽게 찾을 수 있습니다. 인덱스 카드를 활용하면 카드를 인쇄하고 자르는 번거로운 일을 덜 수 있을 뿐만 아니라 카드 링으로 단원/과목/학기별로 분류하여 깔끔하게 보관할 수 있습니다.
- 카드로 활용하기 가장 좋은 사이즈는 88X55 사이즈의 무선 내지로 되어있는 인덱스 카드를 추천합니다.
- 만약 주제 단어과 관련된 단어를 그리지 않을 선생님들께서는 유선 내지 인덱스 카드를 사용해도 괜찮습니다.

다양한 수업 활용 주제 예시

- 국어 1학년 - 한글 익히기
  - ↳ 받침이 있는 낱말, 나, 가족, 학교, 이웃
- 수학 2학년 - 여러 가지 도형
  - ↳ 삼각형, 사각형, 원
- 사회 3학년 - 교통과 통신수단
  - ↳ 옛날의 교통수단, 오늘날의 교통수단, 옛날의 통신수단, 오늘날의 통신수단
- 과학 3학년 - 여러 가지 동물
  - ↳ 땅에서 사는 동물, 날아다니는 동물, 물에서 사는 동물, 사막/극지방에 사는 동물
- 영어 3학년 - 여러 가지 계절
  - ↳ Spring, Summer, Autumn, Winter
- 음악 - 여러 가지 악기
  - ↳ 타악기, 현악기, 전자악기, 관악기, 건반악기, 국악기

교육적 효과

- 각 라운드에서 주어진 주제에 알맞은 단어를 빠르게 생각 해내야 하므로, 다양한 단어를 떠올리고 사용하는 과정에서 어휘력이 확장됩니다.
- 주제와 관련된 단어를 빠르게 떠올리기 위해 연관된 단어를 모두 고려해야 하므로, 연상 능력이 강화됩니다.
- 게임을 플레이하는 중 새로운 단어를 계속 생각 해내야 하기에, 여러 가지 주제를 생각하며 다양한 접근 방식을 시도해야 하므로, 인지적 유연성을 기를 수 있습니다.
- 이전에 나온 단어를 기억하고 중복된 단어를 말하면 안 되기에 작업 기억 능력이 향상됩니다.
- 카드에 제시된 정보를 빠르게 처리하고 대답해야 하기에 정보 처리 속도가 향상될 수 있습니다.
- 폭탄이 언제 터질지 모르는 상황에서 침착하게 적절한 단어를 떠올려야 하므로 스트레스가 부여된 상황에서도 감정을 조절하고 침착함을 유지하는 능력을 기를 수 있습니다.

마피아와 시민의 스무고개 대결!

한밤의 수수께끼

국어 | 수학 | 사회 | 과학 | 영어 | 음악 | 미술 | 체육 | 도덕 | 실과 | 창체

역할 카드

정답 마커

힌트 토큰

게임 방법

1 게임 준비

1. 역할 카드(시장, 예언자, 늑대인간, 마을주민)를 인원수만큼 준비합니다.

2. 역할 카드를 뒷면으로 잘 섞어 나누어 가지고 각자 자신의 역할을 비밀스럽게 확인합니다.

3. 시장은 모두에게 정체를 공개하고, 정답 마커와 힌트 토큰들을 가져갑니다.

☆ 구글/애플 앱스토어에서 '한밤의 수수께끼' 앱을 설치하여 사용하면 편리해요.

2 밤 단계

1. 모두 눈을 감으면 선생님은 마법의 단어(제시어)를 제시합니다.
2. 시장이 마법의 단어를 확인하고 눈을 감습니다.
3. 예언자가 마법의 단어를 확인하고 눈을 감습니다.
4. 늑대인간(들)이 서로와 마법의 단어를 확인하고 눈을 감습니다.

☆ 인원이 4~6명이라면 늑대인간은 1명, 7~11명이라면 2명, 12명 이상이라면 3명이 돼요.

☆ 자신의 정체가 들키지 않게 비밀스럽게 마법의 단어를 확인해요!

3 낮 단계

1. 모두 눈을 뜨고 타이머를 작동합니다.
2. 제한 시간 동안 모든 사람은 마법의 단어가 무엇인지 찾아내기 위해 시장이 "예/아니오"로 대답할 수 있는 질문을 합니다.
3. 시장은 한 질문에 반드시 한 개의 토큰을 사용해야 하며, 절대로 소리/행동/표정 등으로 자신의 의견을 표현할 수 없습니다.
4. 해당 질문이 정답을 정확히 묻는 질문이면 시장은 정답 토큰을 질문한 사람에게 줍니다.

예 정답은 개구리입니까?

4 게임 진행 (1)

▶ 마법의 단어를 못 찾았다면?

1. 제한 시간 안에 아무도 마법의 단어를 찾지 못하거나, 토큰을 모두 사용했다면 마을주민 팀에게는 위기가 찾아옵니다.
2. 마을주민 사이에 숨어있는 늑대인간을 찾을 수 있는 1분의 시간이 주어집니다.
3. 1분이 지나면 모두가 늑대인간으로 의심되는 한 사람을 동시에 손가락으로 가리켜 투표합니다.
4. 가장 많은 표를 받은 사람이 늑대인간이라면 마을주민 팀이 승리하고, 늑대인간이 아니라면 늑대인간 팀이 승리합니다.

5 게임 진행 (2)

▶ 마법의 단어를 찾았다면?

1. 늑대인간(들)은 자신의 역할 카드를 앞면으로 공개합니다.
2. 늑대인간 팀이 마을주민 사이에 숨어있는 예언자를 찾아낸다면 역전할 수 있습니다.
3. 늑대인간 팀에게는 예언자를 찾을 수 있는 15초의 제한 시간이 주어집니다.
4. 늑대인간 팀이 예언자라고 예상되는 사람 한 명을 정확히 찾아낸다면 승리하고, 마을주민 팀이 패배합니다.

수업에 도움이 되는 이야기

게임 진행

- 빈 카드 등을 활용하여 역할 카드를 우리 반 학생 수만큼 만들어 반 전체로 즐길 수 있습니다.
- 게임의 협력적 요소를 강조하고 서로 돕고 존중하는 분위기를 만듭니다.
- 교사는 학생들의 진행 상황을 관찰하여, 수준에 따라 단어 추측 시간을 늘리거나 줄입니다.

충실한 역할 수행

- 맡은 역할을 충실하게, 그러나 들키지 않을 정도로 적당히 진행합니다.
- 예언자는 마을주민 팀이 정답에 가까워지도록 유도하되, 늑대인간 팀에게 정체를 들키지 않도록 조심해야 합니다.
- 늑대인간은 마을주민 팀에 도움이 되지 않는 질문을 해서 정답에서 멀어지도록 하고, 제한 시간과 토큰을 소모하도록 해야 합니다. 하지만, 그 활동을 할 때 늑대인간으로 의심받지 않도록 조심해야 합니다. 그리고 예언자가 누구인지 알아내기 위해 다른 플레이어의 질문에도 주의를 기울여야 합니다.

시장의 역할

- 시장의 역할이 굉장히 중요합니다.
- 마을 주민들이 마법의 단어가 포함된 질문이나 정답에 거의 가까운 추측을 하고 있을 때는 "매우 가까움!" 토큰을, 시장의 대답을 잘못 해석하거나 전혀 다른 방향의 단어로 확신하는 등 정답으로부터 멀어질 때는 "너무 벗어남!" 토큰을 사용하여 잘못된 방향으로 추리하고 있다고 알릴 수 있습니다.

다양한 수업 활용 주제 예시

- 전 학년 전 교과 - 전 단원에서 나오는 모든 단어 활용 가능
  - 소설, 직육면체, 이순신, 스포이트, Music, 높은음자리표, 고흐, 뜀틀, 우리 반 친구 이름, 직업 등
- 국어 전 학년 - 글의 종류
  - 시, 소설, 수필, 논설문, 기사문
- 수학 6학년 - 그래프
  - 막대그래프, 꺾은선그래프, 원그래프
- 사회 5학년 - 한국을 빛낸 100명의 위인
  - 단군왕검, 동명왕, 온조왕, 박혁거세, 광개토대왕
- 과학 3학년 - 실험 도구
  - 비커, 스포이트, 실린더, 양팔저울, 전자저울
- 영어 5학년 - Subject
  - Korean, math, English, art, music
- 음악 3학년 - 음표와 쉼표
  - 사분음표, 팔분음표, 사분쉼표, 팔분쉼표
- 미술 전 학년 - 화가
  - 고흐, 클림트, 모네, 마네, 램브란트

- 체육 전 학년 - 체육 기구 및 도구
  - ↳ 뜀틀, 철봉, 농구공, 축구골대, 탁구채
- 도덕 전 학년 - 가치
  - ↳ 성실, 절제, 사랑, 배려, 경청
- 실과 6학년 - 소프트웨어
  - ↳ 알고리즘, 명령어, 엔트리, 절차, 프로그램, 하드웨어, 소프트웨어
- 창체 전 학년 - 친교활동
  - ↳ 우리 반 친구 이름
- 창체 전 학년 - 진로
  - ↳ 소방관, 간호사, 우주비행사, 농부, 모델

교육적 효과

- 단서를 바탕으로 비밀 단어를 추리하고 마피아를 찾는 과정에서 논리적으로 생각하고 추론하는 능력을 기를 수 있습니다.
- 다양한 단서를 분석하고 조합하여 문제를 해결하는 과정에서 문제 해결 능력이 강화됩니다.
- 단서를 공유하고 협력하여 비밀 단어를 찾는 과정에서 의사소통 능력이 향상됩니다.
- 우리 팀과 협력하는 방식으로 게임이 진행되기 때문에 팀워크와 협동심을 기를 수 있습니다.
- 단서를 비판적으로 분석하고 평가하여 종합하는 과정에서 비판적 사고가 향상됩니다.

같은 그림 찾기!

도블

국어 | 수학 | 사회 | 과학 | 영어 | 음악 | 미술 | 체육 | 도덕 | 실과 | 창체

앞면

뒷면

그림 카드 55장

(어떤 카드 2장을 펼쳐도 같은 그림은 딱 1개입니다.)

게임 방법

※아래 네 가지 방법 중, 하나를 선택하여 플레이합니다.

1 '탑 쌓기' 게임

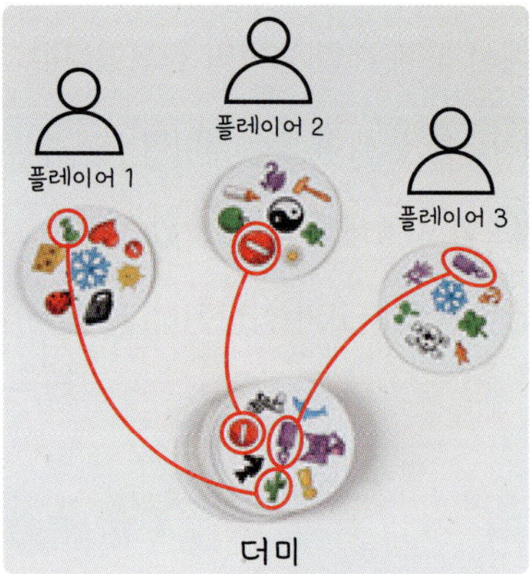

누구보다 더 많은 카드를 차지하자!

1. 카드를 모두 섞어 1장씩 뒷면으로 나누어주고, 남은 카드는 중앙에 앞면이 보이도록 더미를 만들어 둡니다.
2. 동시에 자신의 카드를 앞면으로 뒤집고, 카드 더미 맨 위의 카드(중앙 카드)와 자신의 카드를 비교합니다.
3. 내 카드와 카드 더미 맨 위의 카드에 공통된 그림을 찾았다면 그 그림의 이름을 외치고 카드 더미 맨 위의 카드를 가져옵니다.
4. 가지고 온 카드는 내 카드 더미 위에 올려둡니다.
5. 카드 교체 없이 같은 방식으로 계속 진행하다가 카드 더미가 모두 떨어지면 게임이 종료됩니다.
6. 가장 많은 카드를 가진 사람이 승리합니다.

2 '우물 파기' 게임

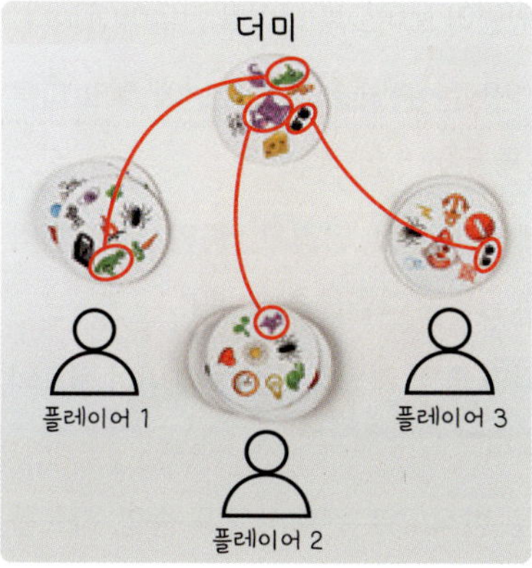

누구보다 빠르게 내 카드를 버리자!

1. 카드를 모두 똑같은 숫자로 나눠 가진 후, 남는 카드는 중앙에 앞면이 보이도록 더미를 만들어 둡니다.
2. 각자 받은 카드는 섞어서 자기 앞에 뒷면으로 더미를 만들어 둡니다.
3. 모두 동시에 자기 카드 더미 맨 위의 카드를 앞면으로 뒤집은 후, 중앙 카드 더미 맨 위의 카드와 내 카드 더미 맨 위의 카드를 비교합니다.
4. 두 카드에 공통된 그림이 있다면 그 그림의 이름을 외치고 내 카드 더미 맨 위의 카드를 중앙 카드 더미에 버립니다.
5. 카드 교체 없이 같은 방식으로 계속 진행하다가 가장 빨리 자기 카드를 모두 버린 사람이 승리합니다.

3 '뜨거운 감자' 게임

손에 든 카드를 빠르게 다른 사람에게 건네자!

1. 카드를 모두 섞어 각자 1장씩 뒷면으로 나눠 가집니다.
2. 각자 손바닥 위에 자기가 받은 카드를 뒷면으로 올려둡니다.
3. 모두 동시에 자신의 카드를 앞면으로 뒤집은 후 다른 사람의 카드와 내 카드를 비교합니다.
4. 공통된 그림이 있는 카드를 찾았다면 그 그림의 이름을 외치고 내 카드를 공통된 그림이 있는 카드를 가진 사람의 카드 위에 올려둡니다.
5. 카드 교체 없이 같은 방식으로 진행하다가 마지막까지 손을 비우지 못한 사람이 벌점을 받습니다.

④ '독이 든 선물' 게임

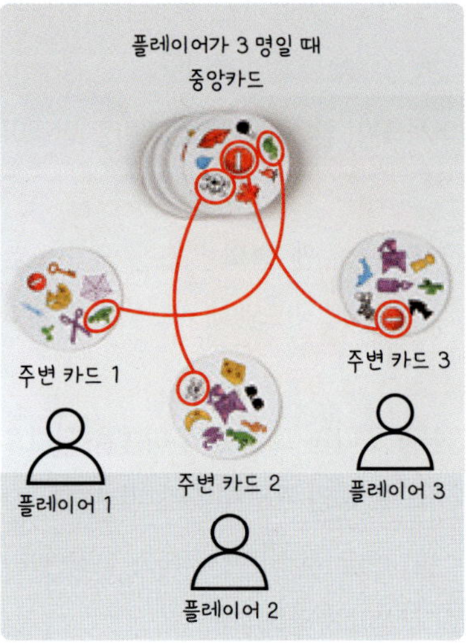

누구보다도 나의 카드가 적어야 해!

1. 각 플레이어는 카드를 1장씩 뒷면으로 나눠 가지고 남는 카드는 중앙에 앞면이 보이도록 더미를 만들어 둡니다.
2. 이때 각 플레이어의 카드는 중앙 카드의 주변에 두고 다른 플레이어에게 보이도록 두어야 합니다.
3. 모든 카드를 동시에 앞면으로 뒤집고, 중앙 카드와 각 플레이어 카드 사이의 공통된 그림을 찾습니다.
4. 똑같은 그림을 찾았다면 중앙 카드를 해당 플레이어 카드의 위에 앞면으로 올려둡니다.
5. 카드 교체 없이 같은 방식으로 진행하다가 중앙 카드를 다 쓰면 게임이 종료됩니다.
6. 게임이 끝났을 때, 카드가 가장 적은 사람이 승리합니다.

수업에 도움이 되는 이야기

그림을 수업과 관련된 그림으로 변경

- 수업이나 단원을 끝낸 후 수업과 관련된 단어를 뽑아 정리합니다. 이때의 단어는 그림으로 나타낼 수 있는 단어를 뽑는 것이 좋습니다.
- 단어를 나타내는 그림을 카드에 그립니다. 그림을 카드에 그릴 때는 어떤 카드를 펼쳐도 같은 그림이 딱 1개씩만 겹치도록 그립니다.

  예 6학년 사회 세계의 여러 나라들 수업에 활용

그림을 수업과 관련된 단어로 변경

- 수업/단원을 끝낸 후, 수업과 관련된 단어를 뽑아 정리합니다. 단어를 카드에 적습니다.
- 마찬가지로 단어를 카드에 적을 때는 어떤 카드를 펼쳐도 같은 단어가 딱 1개씩만 겹치도록 적습니다.

  예 3학년 영어 알파벳 수업에 활용

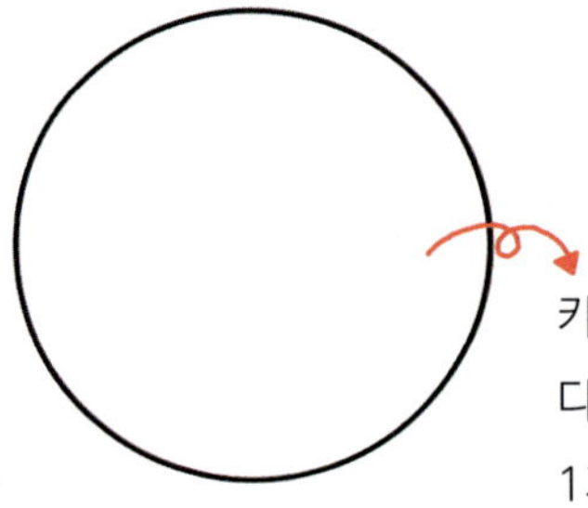

카드 안에 수업과 관련된 그림이나 단어 등을 넣되, 다른 어떤 카드를 펼쳐도 겹치는 그림/단어가 딱 1개씩 되도록 카드를 만듭니다.

빈 카드 양식 활용하는 방법

1) 빈 문제 카드를 컴퓨터로 편집하여 프린트 후 바로 사용하는 방법

2) 빈 문제 카드 자체를 편집 없이 프린트 후 코팅하여 네임펜으로 문제 카드를 작성하는 방법

→ 해당 방법을 사용하면 아이들이 직접 문제 카드를 만들 수 있을 뿐만 아니라 잘 지워지지 않아 아이들이 만든 카드로 게임을 여러 번 반복해도 카드를 오래 유지할 수 있습니다.

빈 카드 양식을 바로 내려받을 수 있는 QR 코드 →

※ 두꺼운 A4 종이에 양면 인쇄하는 것을 추천합니다.

다양한 수업 활용 주제 예시

- 영어 3학년 – 알파벳 익히기
  ↳ A, B, C, D, E, F, G, H, I, J, K, L, M, N, O, P 등

- 영어 3학년 – 숫자 익히기
  ↳ One, Two, Three, Four, Five, Six, Seven, Eight, Nine, Ten 등

- 사회 4학년 – 지도에서 사용하는 기호
  ↳  등

- 사회 6학년 – 세계의 여러 나라들
  ↳ 튀르키예, 네팔, 싱가포르, 오스트레일리아, 노르웨이, 프랑스, 레소토, 이집트 등

- 과학 5학년 – 태양계를 구성하는 행성
  ↳ 수성, 금성, 지구, 화성, 목성, 토성, 천왕성, 해왕성 등

- 과학 5학년 – 다양한 생물
  ↳ 짚신벌레, 해캄, 버섯, 곰팡이 등

- 음악 3학년 – 음표, 쉼표 익히기
  ↳ 8분음표, 4분음표, 2분음표, 점2분음표, 온음표, 8분쉼표, 4분쉼표, 2분쉼표 등

교육적 효과

- 다른 카드에 있는 그림을 빠르게 훑어보고 공통적인 그림을 찾아야 하기에 시각적 인지 속도를 높일 수 있으며 반응 속도 또한 향상시킬 수 있습니다.
- 상대 플레이어보다 더 빠르게 공통된 그림을 찾는 과정에서 집중력을 높이고 세부적인 주의력을 발전시킬 수 있습니다.
- 그림의 이름을 외치는 과정에서 언어 발달을 촉진할 수 있습니다. 특히 새로운 단어를 배우고 해당 단어의 발음을 여러 번 반복 연습하는 기회가 됩니다.
- 자신의 카드와 카드 더미 위의 카드를 비교하여 가장 빠르게 카드를 가지고 오는 과정에서 전략적 사고와 결정력을 향상시킬 수 있습니다.
- 자신이 받은 카드의 패턴을 기억하고, 다른 카드와 비교하며 공통된 패턴을 찾아야 하기에 기억력 향상에 도움이 됩니다.

기억력과 집중력을 모두 높여보자!

타코 캣 고트 치즈 피자

국어 | 수학 | 사회 | 과학 | 영어 | 음악 | 미술 | 체육 | 도덕 | 실과 | 창체

카드 앞면

카드 뒷면

특수 카드

게임 방법

1 게임 준비

1. 카드를 잘 섞습니다.

2. 게임 인원수에 맞게 카드를 나눠 가집니다.
   (2~5명: 12장씩, 6명: 10장씩, 8명: 8장씩)

3. 각자 받은 카드를 뒷면(주제 카드)이 보이도록 더미를 만들어 자기 앞에 놓습니다.

4. 제일 처음 게임을 진행하는 사람이 본인 카드 더미에서 맨 위 카드 1장을 테이블 가운데에 앞면이 보이게 뒤집으면 게임이 시작됩니다.

☆ 인원수에 맞게 나눠가지고 남은 카드는 이번 게임에서 사용하지 않아요.

2 게임 진행

1. 제일 처음 게임을 진행하는 사람이 본인 카드 더미에서 맨 위 카드 1장을 테이블 가운데에 앞면으로 펼침과 동시에 본인 차례에 맞는 단어를 외칩니다. (타코 - 캣 - 고트 - 치즈- 피자)
2. 누군가 외친 단어가 펼쳐져 있는 카드와 일치한다면, 모두 재빨리 테이블 가운데에 손을 올립니다.
3. 가장 늦게 손을 올린 사람은 지금까지 펼쳐진 카드 더미를 모두 가져와 자기 카드 더미 맨 아래에 추가합니다.

☆ 피자 다음은 다시 타코를 외쳐요.

☆ 만약 치즈에서 게임이 끝났다면 다시 게임이 시작할 때는 다시 타코를 외치며 시작해요.

3 게임 종료

1. 카드 더미가 모두 떨어진 사람은 자기 차례에 단어만 외치고 카드는 펼치지 않습니다.
2. 그러나 외친 단어와 같은 카드가 펼쳐지거나, 특수 카드가 나왔을 때는 여전히 테이블 가운데에 손을 올려야 합니다.

4 특수카드

1. 특수 카드가 나오면 재빨리 정해진 행동을 한 뒤 테이블 가운데 손을 올려야 합니다.
2. 잘못된 행동을 하거나 가장 늦게 손을 올린 사람은 펼쳐진 카드 더미를 가져갑니다.

- 고릴라 카드 - 모든 플레이어는 양손으로 가슴을 두드린 후, 테이블 가운데에 손을 올립니다.
- 두더지 카드 - 모든 플레이어는 양손으로 테이블을 2~3번 두드린 후. 테이블 가운데에 손을 올립니다.
- 외뿔고래 카드 - 모든 플레이어는 양손을 머리 위로 맞닿게 해서 뿔을 만든 후, 테이블 가운데에 손을 올립니다.

Icon made by Freepik from www.flaticon.com

수업에 도움이 되는 이야기

주제 카드를 수업 주제로 새로 제작

- 단원이나 수업을 끝내고 가장 어려웠던 단어들을 뽑아 정리합니다. 정리한 단어를 타코 캣 고트 치즈 피자 게임의 뒷면에 넣습니다. 그리고 아이들이 직접 5가지 종류의 단어에 해당하는 그림도 그립니다.

  예 4학년 영어 This Is My Sister

- 교과 학습에 이 게임을 이용 시 직접 만든 주제 카드로 게임을 진행하면 카드 단어를 선정하는 과정에서 1차 복습, 빈 카드에 단어를 적는 과정에서 2차 복습, 해당 단어를 잘 표현하는 그림을 그리는 과정에서 3차 복습, 게임을 실제로 진행하는 과정에서 4차 복습까지 진행할 수 있습니다.

  예 6학년 사회 지구, 대륙 그리고 국가들

특수카드 내용을 변경

기존 특수 카드는 수업 내용과 다른 내용이 담겨 있어 수업 활용 방법으로 수업 진행 시 주제 카드와 특수 카드 내용이 관계가 없다고 느껴질 수 있습니다. 따라서, 특수 카드도 수업 주제와 관련 있게 모둠별이나 학급 전체로 회의를 거쳐 아래와 같이 새로 만들 수 있습니다.

예 4학년 영어 This Is My Sister 단원 수업에 활용

<name> 특수 카드

자기 이름을 말하고 테이블 가운데에 손 올리기

<family> 특수 카드

가족 중 가장 좋아하는 가족 구성원을 말하고 테이블 가운데에 손 올리기

<who> 특수 카드

게임하는 친구들 중 한명의 이름을 말한 후 테이블 가운데에 손 올리기

예 6학년 사회 지구, 대륙 그리고 국가들

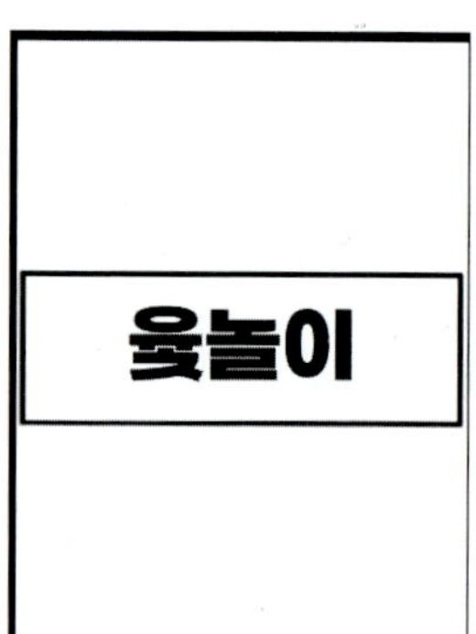

→ <윷놀이> 특수카드

: 윷을 던지는 행동을 하고 테이블 가운데에 손 올리기

▶ 카드의 앞, 뒷면에 단어와 그림을 그립니다.

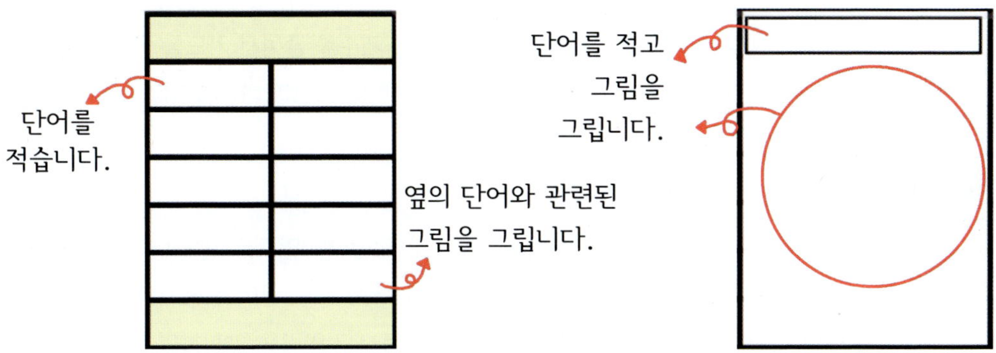

▶ 특수 카드의 내용을 변경합니다.

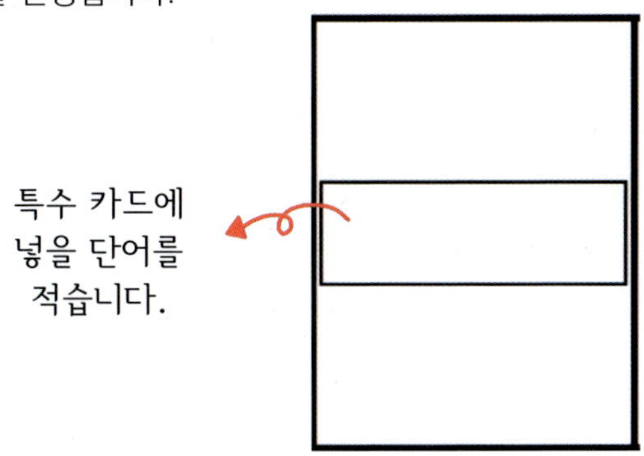

▶ 빈 카드 양식 활용하는 방법

1) 빈 카드를 컴퓨터로 편집하여 프린트 후 바로 사용하는 방법

2) 빈 카드 자체를 편집 없이 프린트 후 코팅하여 매직으로 카드를 작성하는 방법

↳ 해당 방법을 사용하면 아이들이 직접 카드를 만들 수 있을 뿐만 아니라 사용 후, 글자를 지우고 재사용할 수 있어 활용도가 높습니다.

빈 카드 양식을 바로 내려받을 수 있는 QR 코드 →

※ 두꺼운 A4 종이에 양면 인쇄하는 것을 추천합니다.

규칙 변형

- 타코 캣 고트 치즈 피자의 원래 단어 개수는 5개이지만, 단어 개수 조정을 통해 난이도 조정을 할 수 있습니다. (해당 주제를 어려워하는 모둠은 단어 개수를 줄여서 카드를 만들고, 잘하는 모둠은 단어 개수를 늘림으로써 아이들의 수준별로 난이도 조정이 가능합니다.)

난이도 업 규칙

- 게임을 정말 잘하는 모둠은 카드 뒷면을 아무것도 없는 빈 면으로 만듭니다.(원래 타코 캣 고트 치즈 피자 게임은 카드 뒷면에 이 게임에서 쓰는 주요 단어가 명시되어 있습니다. 난이도를 높이기 위해 카드 뒷면을 빈 면으로 만듦으로써 기억력을 발휘하여 게임을 진행해야 할 수 있다는 장점이 있습니다.)

특수 카드 변형 시 팁

- 타코 캣 고트 치즈 피자 게임을 수업에 활용하기 위해 특수카드의 행동을 만들 때 그 단어 및 수업과 관련 있는 행동으로 만들 수 있게 안내합니다. (특수카드의 정해진 행동을 만들게 할 때 단어 및 수업과 관련 있는 행동으로 만들도록 이야기하지 않으면 단어 및 수업과 벗어나는 행동을 만들 수 있습니다. 그래서 사전에 이야기하여 학생들이 수업과 관련한 중요 단어를 생각하고 이를 기억할 수 있는 행동을 만들 수 있게 교사의 안내가 필요합니다.)

다양한 수업 활용 주제 예시

- 과학 4학년 - 물체의 무게
  - 무게, 수평, 양팔 저울, 용수철 저울, 저울, 무게 측정, 늘어난 길이, 추
- 사회 6학년 - 지구, 대륙 그리고 국가들
  - 세계지도, 지구본, 아시아, 오세아니아, 한국, 러시아, 일본, 인도, 베트남, 유럽, 아프리카, 북아메리카, 남아메리카
- 사회 6학년 - 세계의 다양한 삶의 모습
  - 기후, 열대 기후, 건조 기후, 기온, 온대 기후, 냉대 기후, 한대 기후, 강수량, 고산 기후

교육적 효과

- 많은 웃음을 유발하며, 이를 통해 스트레스를 해소할 수 있습니다, 또한, 승리와 패배를 경험하면서 더 성장할 수 있고 정서적 발달에도 도움이 됩니다.

- 게임의 핵심은 특정 조건이 만족 될 때 빠르게 반응하는 것입니다. 이는 학생들의 반응 속도를 개선하고, 손과 눈의 협응력을 높이는 데 도움이 됩니다.

- 게임은 빠르게 진행되며, 학생들은 특정 단어와 카드 그림이 일치하는지 즉시 판단해야 합니다. 이를 통해 학생들은 주의력과 집중력을 크게 향상 시킬 수 있습니다.

- 학생들은 카드가 나오는 순서를 기억하고, 특정 카드가 나왔을 때의 규칙을 기억해야 합니다. 이를 통해 단기 기억력을 강화할 수 있습니다.

나

예술적 감수성을 기르는 보드게임

(미술, 체육)

사진을 따라 그리기만 하는 가장 쉬운 그림그리기!

데칼코

국어 | 수학 | 사회 | 과학 | 영어 | 음악 | 미술 | 체육 | 도덕 | 실과 | 창체

그림판

양면 사진 카드

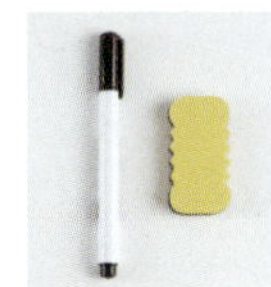

보드마카, 지우개

점수 패드

가림막 카드

게임 방법

① 게임 준비

1. 모둠원은 각각 그림판, 보드마카, 지우개를 받습니다.
2. 양면 사진 카드와 가림막 카드를 모아 가운데 더미를 만듭니다.

가림막 카드 준비 방법

- 3인(1, 2, 3), 4인(1, 2, 3, 4), 5인(1, 2, 2, 3, 4), 6인(모두)
- 가장 높은 점수의 카드가 맨 위로 오도록 정렬하기

3. 점수 패드에 모둠원의 이름을 적고 책상 한쪽에 둡니다.
4. 한 라운드는 그림 그리기 → 그림 공개 → 점수 계산으로 진행됩니다.

☆ 모둠원은 3~6명까지 가능해요!

☆ 구성품 분실 시, 제작사 홈페이지에서 따로 구매가 가능해요!

② 게임 진행(그림 그리기)

1. 모둠원은 각자 그림 카드를 한 장씩 가져와 그림판에 넣습니다.
2. "시작"을 외치고 모두 동시에 그림판에 보이는 사진을 따라 그림을 그립니다.
3. 남들이 알아볼 수 있을 정도로 충분히 그림을 그렸다면 가림막 카드를 가져와 그림판에 넣습니다.

☆ 그림을 그릴 때는 사진에 보이는 것만 그리기! 생략은 가능하지만 없는 것을 추가로 그리는 것은 안 돼요!

☆ 빨리 가져오면 높은 가림막 카드 점수를 얻지만, 다른 친구가 맞혔을 때만 그 점수를 얻을 수 있어요!

③ 게임 진행(그림 공개)

1. 가장 높은 점수가 적힌 가림막 카드를 가져간 학생부터 자신의 그림을 공개합니다.
2. 나머지 모둠원은 재빨리 정답을 외칩니다. 기회는 한 번뿐!
3. 정답을 맞힌 경우, 그림을 그린 사람은 가림막 카드(점수)를 갖고, 맞힌 사람은 그림 카드를 가집니다.

☆ 정답을 동시에 외치면, 더 낮은 점수의 가림막 카드를 가진 사람이 사진 카드를 가져가요!

☆ 내 그림의 정답을 아무도 못 맞히면 가림막 점수는 받을 수 없어요!

④ 점수 계산

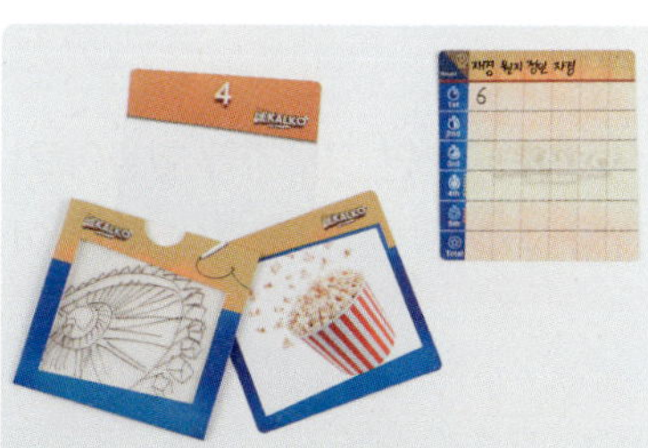

가림막 카드(4점)
+ = 6점
사진 카드(2점)

1. 모둠원이 모두 그림을 공개했다면 한 라운드를 종료하고 점수를 계산합니다.

나의 점수

가림막 카드에 적힌 점수 + 획득한 사진 카드 1장당 2점

2. 점수 패드에 점수를 적고, 사용한 사진 카드는 상자에 넣습니다. 다시 그림 그리기 → 그림 공개 → 점수 계산을 진행합니다. 라운드 점수를 모두 더해 점수가 가장 높은 사람이 승리합니다.
3. 모둠원의 수에 따라 3~4명: 5라운드, 5~6명: 4라운드로 진행합니다.

☆ 게임 전략: 다른 친구들보다 빨리 그리면서도 남들이 맞힐 수 있게 그리는 것이 포인트!

수업에 도움이 되는 이야기

그림 카드 제작하여 사용하기

- 저작권 무료 사이트에서 주제 관련 이미지를 인쇄하여 만들어 게임에 활용할 수 있습니다.
- 인쇄 사이즈
  (카드 테두리: 가로13.8cm*세로13.8cm/그림 테두리: 가로12cm*세로10.7cm)
- 저작권 무료 사이트
  픽사베이: https://pixabay.com/

  프리이미지: https://www.freeimages.com/kr

  언스플레쉬: https://unsplash.com/ko/images

그림판 관리 방법〉

- 게임은 '그린 것을 모두 지우기까지'가 진정한 게임 종료! 잉크가 굳으면 지우기가 힘들어요! 그림이 오래 지난 경우에는, 멸균티슈를 사용하면 깔끔하게 잘 지워지고 재사용이 가능합니다.

다양한 수업 활용 주제 예시

- 음악 4학년 - 타악기 알아보기
  - ↳ 소고, 북, 장구, 실로폰, 캐스터네츠, 트라이앵글
- 창체 전 학년 - 친구 얼굴 맞히기
  - ↳ 학생들 개별 사진을 찍어 사진 카드로 활용

교육적 효과

- 분별력을 길러주고 집중력을 향상시킵니다. 플레이어들은 그림 카드에서 중요한 정보만을 선별하여 재현해야 하므로, 시각적 정보를 처리하고 집중하는 능력이 발달합니다. 학생들은 짧은 시간 내에 복잡한 그림의 특징 중 가장 그림에서 중요한 부분을 선택하여 이를 정확하게 따라 그리며 시각적 기억력과 집중력을 향상시킬 수 있습니다.

- 공간 지각 능력과 창의성을 자극합니다. 주어진 그림 카드를 바탕으로 자신만의 그림을 재구성 하여 그리면서 원근감과 공간 관계를 이해하고 창의적으로 표현하는 능력을 기릅니다. 이 과정에서 공간 지각 능력과 함께 창의성이 자연스럽게 자극됩니다.

- 사회성과 전략적 사고력을 개발합니다. 높은 점수를 얻기 위해 자신의 그림을 빠르고 정확하게 그리고, 친구들의 그림에서 주요한 특징을 찾아 그림 카드를 재빨리 추측하면서 사회적 상호작용 능력과 전략적 사고력을 배울 수 있습니다. 이는 학생들이 사회성을 키우고, 게임을 통해 전략적으로 사고하는 방법을 익히게 합니다.

- 소근육 협응력과 관찰력을 증진시킵니다. 그림을 그리는 활동을 통해 소근육과 눈과 손의 협응력 발달이 촉진됩니다. 또한 다른 플레이어들의 행동을 관찰하고 분석하는 과정에서 관찰력이 향상되며, 이를 통해 학생들의 전체적인 인지 능력을 발달시킬 수 있습니다.

미술 작품 감상과 경매를 한 번에!

모던아트

국어 | 수학 | 사회 | 과학 | 영어 | 음악 | 미술 | 체육 | 도덕 | 실과 | 창체

게임 방법

1 게임 준비

1. 미술 작품 카드를 잘 섞습니다.

2. 게임 인원수에 맞게 미술 작품 카드를 나누어 가집니다.
   (3인: 10장씩, 4명: 9장씩, 5명: 8장씩)

3. 각자 코인을 100씩 나누어 받습니다.

4. 자신만의 미술관 가림막을 세워 재산을 가립니다.

☆ 사전에 작품 감상 수업을 충분히 진행하는 것을 추천해요!

② 게임 진행

1. 자신의 차례에는 경매 진행자가 되어 그림 하나를 출품합니다. 출품한 작품은 이젤에 얹어 두고 설명합니다.
2. 출품한 카드의 경매 방식에 따라 경매를 진행합니다.
   - 공개 경매: 모두가 순서 없이 원하는 대로 입찰
   - 주먹 경매: 모두가 동시에 비공개로 한 번 입찰
   - 한 바퀴 경매: 각자 한 번씩, 시계방향으로, 패스 또는 입찰
   - 정찰가 경매: 경매 진행자가 그림의 가격을 책정하고 왼쪽 사람부터 살 수 있음.
   - 더블 경매: 두 번째 카드를 내려놓고 두 번째 카드의 경매 방식으로 한꺼번에 경매

☆ 작품이나 화가에 대한 설명 또는 나의 감상 표현에 중점을 두고 지도해요!

③ 시즌 종료

1. 한 작가의 작품이 다섯 점 이상 시장에 나오면 한 시즌이 종료됩니다.
2. 시장에 나온 작품들의 시세를 파악합니다.
3. 출품된 작품 수가 같다면 시세 보드에서 왼쪽에 가까운 화가가 더 높은 순위를 차지합니다.
4. 시세에 따라 미술 작품값을 정산합니다.
5. 사용하지 않은 미술 작품 카드 더미에서 새 카드를 받습니다.

☆ 더블 경매로 시장에 나온 작품이 다섯 점 이상이 되어도 한 시즌이 끝나요!

④ 게임 종료

1. 네 번째 시즌이 종료되면 각자의 재산을 계산하여 가장 재산이 많은 사람이 이깁니다.

☆ 승리 기준을 가장 재산이 많은 사람 외에도 가장 작품을 많이 보유한 사람, 미술 작품 설명을 가장 잘한 사람 등으로 다양하게 정해 봐도 좋아요!

수업에 도움이 되는 이야기

수업 활동

- 2차시 이상의 연차시로 수업을 구성하여 작품 감상 활동이 충분히 이루어질 수 있도록 하면 경매뿐 아니라 감상을 표현하는 활동에 더욱 몰입할 수 있습니다.
- 작품 설명이나 감상을 자세히 표현하는 학생에게는 인센티브를 주는 규칙도 넣을 수 있습니다.
- 게임 한 세트를 활용하여 모둠 대항 경매 형식으로도 진행할 수 있습니다.
- 학급 화폐 등과 연계하여 경매를 진행하면 더욱 실감 나게 즐길 수 있습니다.

미술 작품 카드 제작동

- 미술 교과서에 나오는 작품이나 관심 있는 화가의 작품을 [미술 작품 카드]로 만들 수 있습니다. 이때 다섯 가지 종류의 경매 방식 중 한 가지를 골라 작품에 표기하고, 같은 화가의 작품은 같은 색의 카드로 통일하여 분류하기 쉽게 합니다.
- 미술 작품 카드가 아닌 과학 교과의 동물/식물 또는 도덕 단원의 가치, 사회 교과의 역사적 인물/문화재 등 다양한 카테고리로 경매를 진행하면서 가치와 소중함을 배울 수 있습니다.

예 3학년 과학 동물의 한살이(새끼를 낳는 동물, 알을 낳는 동물, 여러 가지 곤충)

← 새끼를 낳는 동물

← 알을 낳는 동물

그림 출처: 픽사베이

(무료 이미지 사이트: 픽사베이, 프리이미지, 언스플래쉬)

그림이 비어있는 카드 양식을 바로 내려받을 수 있는 QR 코드→

※ 두꺼운 A4 종이에 양면 인쇄하는 것을 추천합니다.

다양한 수업 활용 주제 예시

- 과학 3학년 - 동물의 한살이
  - 곤충의 한살이(사슴벌레, 메뚜기, 장수풍뎅이) / 알을 낳는 동물의 한살이(잠자리, 개구리, 닭) / 새끼를 낳는 동물의 한살이(수달, 고래, 기린)
- 과학 4학년 - 식물의 한살이
  - 한해살이 식물(해바라기, 봉숭아, 코스모스) / 여러해살이 식물(사과나무, 국화, 복숭아나무)
- 사회 5학년 - 삼국시대의 역사
  - 고구려, 백제, 신라의 문화유산(무용총, 수렵도 / 무령왕릉, 금동대향로, 미륵사지 석탑, 서산 용현리 마애여래삼존상 / 불국사, 첨성대, 석굴암)
- 도덕 전 학년 - 가치
  - 인내, 사랑, 절약, 행복, 긍정, 우정, 지혜, 정직, 봉사, 공정
- 영어 4, 5학년 - 가격 묻고 답하기
  - How Much Is It?, How Much Are These?
- 국어 3학년 - 소개하기
  - 내가 좋아하는 미술 작품과 작가 소개하기
- 음악 전 학년 - 감상
  - 내가 좋아하는 음악과 작곡가 소개하기
- 실과 5학년 - 생활과 동식물
  - 친환경 농업 기술 소개하기
- 창체 - 진로
  - 도슨트, 큐레이터, 경매사, 화가, 작곡가, 작가

교육적 효과

- 다양한 미술 작품을 접하고 감상하면서 미술에 대한 흥미와 이해를 높일 수 있습니다.
- 다양한 미술 작품을 비교하고 감상하는 과정을 통해 미적 감각을 향상시킬 수 있습니다.
- 경매에서 어떤 작품을 사고팔 것인지 전략을 세우고 계획하는 과정에서 전략적 사고가 향상됩니다.
- 작품의 가치가 변동할 수 있는 상황에서 위험 요소를 평가하고 관리하는 능력을 배울 수 있으며 의사 결정 능력이 향상됩니다.
- 경매 과정에서 자산의 계산과 작품의 가치 평가를 하면서 수학적 계산 능력이 향상됩니다.
- 작품의 미래 가치를 예측하는 과정에서 확률 개념을 이해할 수 있습니다.
- 작품에 대해 소개하고 협상하는 경험을 통해 의사소통 능력이 향상됩니다.
- 다양한 예술 작품을 존중하고 이해하는 태도를 기를 수 있습니다
- 경매를 통해 작품의 가격이 결정되는 과정을 경험하면서 수요와 공급의 기본 개념을 이해할 수 있습니다.
- 제한된 재산을 효율적으로 사용하여 최대한의 이익을 내기 위한 자원 관리 능력을 배울 수 있습니다.

주어진 단어를 그림으로 빠르게 그리기!

캐치 스케치

국어 | 수학 | 사회 | 과학 | 영어 | 음악 | 미술 | 체육 | 도덕 | 실과 | 창체

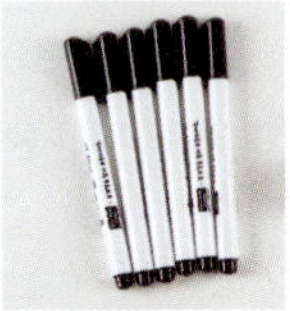
마카펜 6개

순서 토큰 5개 (숫자 1~5)

지우개 6개

개인판 6개

단어 카드 100장

게임 방법

1 게임 준비

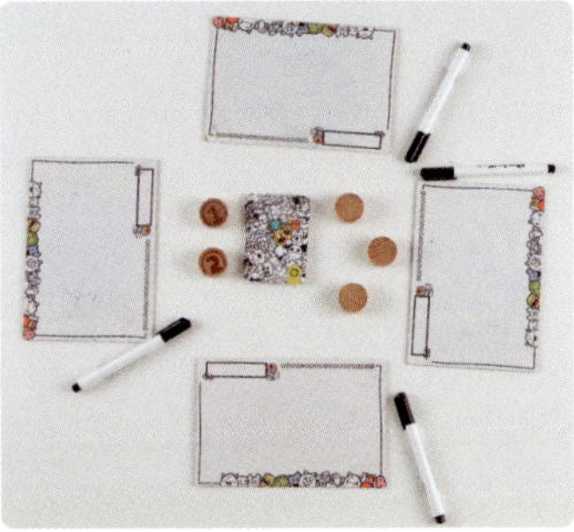

1. 각자 개인판 1개와 마카펜 1개를 가져옵니다.
2. 단어 카드를 뒷면으로 놓고 잘 섞어서 한 무더기로 쌓아 놓습니다.
3. 순서 토큰을 테이블 한가운데 모두의 손이 잘 닿는 곳에 모아 놓습니다.
4. 숫자 1, 2가 적힌 토큰만 앞면으로 놓고 나머지 토큰은 뒷면으로 놓습니다.
5. 게임은 시계 방향으로 진행되고, 한 사람의 차례는 그리기 단계와 맞히기 단계로 이루어집니다.

☆ 플레이어 수에 따라 토큰의 수를 조정해요.
토큰의 수 = 플레이어의 수 - 1

② 게임 진행 (1-1) 그리기

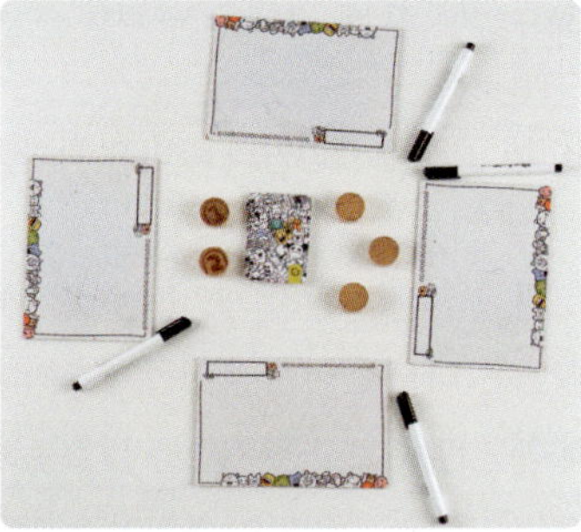

▶ 그리기 단계(1-1)

1. 자신의 차례가 되면 단어 카드 더미 맨 위에 놓인 카드 1장을 앞면이 보이지 않게 가져옵니다.
2. 자신에게 뒷면이 보이게 들어 올려서 자신을 제외한 모든 사람들이 카드 앞면을 볼 수 있게 합니다.
3. 자신을 제외한 모든 사람들이 주제어를 확인하고 나면, 단어 카드를 자기 앞에 뒷면이 보이게 놓습니다.
4. 차례를 진행하는 사람의 "준비, 시작!" 구령에 맞춰 나머지 사람들은 각자의 개인 판에 주제어를 설명하기 위한 그림을 그립니다.

☆ 차례를 진행하는 사람은 절대 주제어를 보아서는 안 돼요.

③ 게임 진행 (1-2) 그리기

(예) 피자가 주제어일 때

▶ 그리기 단계(1-2)

1. 그림 그리기를 가장 먼저 마친 사람은 마카펜을 놓고 숫자 1이 적힌 토큰을 집습니다. (원한다면 자신이 원하는 다른 숫자 토큰을 집을 수도 있습니다.)
2. 자신의 개인판은 뒷면이 보이게 자기 앞에 놓습니다.
3. 두 번째로 그림 그리기를 마친 사람은 앞면으로 놓인 나머지 순서 토큰을 집고 "그만"이라고 외칩니다. 자신의 개인판은 뒷면이 보이게 자기 앞에 놓습니다.
4. 나머지 사람들은 즉시 그림 그리기를 멈춰야 하며 모두 개인판을 뒷면이 보이게 자기 앞에 놓고 남겨져 있는 뒤집힌 순서 토큰을 무작위로 하나씩 가져와서 공개합니다.

☆ 그림 그리기를 먼저 마친 사람에게 더 높은 점수를 얻을 기회가 주어져요. 게다가 2명(3명 게임에서는 1명)이 그림 그리기를 마치면 모두가 그림 그리기를 멈추어야 해요.

(예) 5명이서 게임을 진행하는 상황 - 차례를 진행하는 사람을 제외하고 3명이 그림 그리기를 진행하는데 만약 2명이 그림을 다 그리고 토큰을 가져간다면 남은 2명은 그 즉시 그리기를 멈추어야 해요.

☆ 그림에는 글자나 숫자를 적어서는 안 돼요.

4 게임 진행 (2) 맞히기

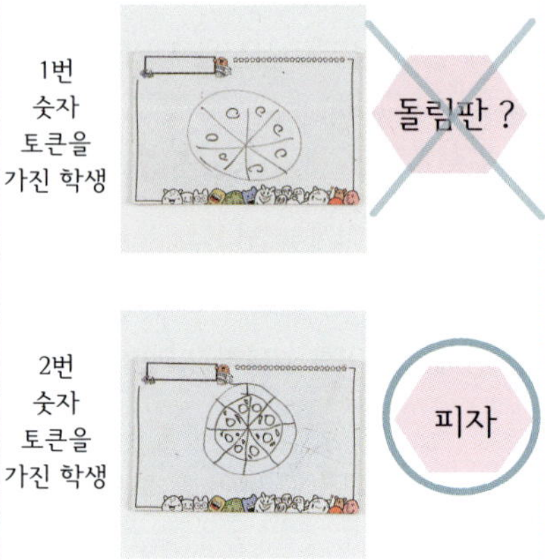

맞히기 단계

1. 1번 순서 토큰을 가진 사람이 개인판을 공개합니다.
2. 차례를 진행 중인 사람은 개인판에 그려진 그림을 보고 주제어를 추측해 이야기합니다.
3. 주제어를 맞혔다면, 이번에 공개된 개인판의 주인과 차례를 진행 중인 사람이 점수를 얻고 차례를 마칩니다.
4. 틀렸다면, 다음 순서 토큰을 가진 사람이 개인판을 공개하고 차례를 진행 중인 사람은 다시 한번 주제어를 추측하여 이야기합니다. 몇 번째 개인판을 보고 주제어를 맞혔는지에 따라 차례를 진행 중인 사람과 개인판의 주인이 아래와 같이 점수를 얻습니다.

점수 배점

- 첫 번째 개인판을 보고 맞혔다면 그 개인판의 주인과 출제자는 3점
- 두 번째 개인판을 보고 맞혔다면 그 개인판의 주인과 출제자는 2점
- 세 번째 이후부터는 각 1점씩

☆ 얻은 점수는 각자 자신의 개인판에 표시해요.

☆ 마지막 개인판을 보고도 주제어를 맞히지 못했다면 아무도 점수를 얻지 못한 채 차례를 마쳐요.

5 차례 마치기 및 게임 종료

차례 마치기

1. 사용한 카드는 카드 더미 맨 아래에 되돌려 놓습니다.
2. 순서 토큰은 게임 준비 단계와 마찬가지로 다시 테이블 가운데에 되돌려 놓습니다. (1번, 2번 토큰만 앞면으로 놓습니다.)
3. 각자 개인판에 그렸던 그림을 지웁니다.

게임 종료

1. 차례가 끝났을 때 누군가의 점수가 20점 이상이라면 게임을 종료하거나 모든 사람이 차례를 세 번씩 진행하고 난 뒤에 게임을 마칩니다.
2. 게임이 끝났을 때 ★ 점수가 가장 많은 사람이 승리합니다.

Icon made by Freepik from www.flaticon.com

수업에 도움이 되는 이야기

규칙 변형

- 두 번째로 그린 학생까지 자신의 순서에 맞는 토큰을 가져가고 나머지 학생들은 토큰을 랜덤으로 받게 되면, 자신이 늦게 그릴 것 같을 경우 대충 그리고 넘어가는 학생들이 생깁니다.

  규칙을 변형하여 게임 준비할 때 모든 토큰을 앞면을 보게 해놓고, 자신이 빨리 그린 순서에 맞게 토큰을 가져갈 수 있게 바꿉니다.

  이를 통해 모든 학생이 끝까지 끈기를 가지고 참여할 수 있게 독려할 수 있습니다.

다양한 수업 활용 주제 예시

- 창체 – 진로 수업
  - 다양한 직업에 대해 배우는 진로 수업에 활용, 직업 및 그 사람들이 하는 일과 관련된 단어들을 활용하기
  - 피겨스케이팅 선수, 변호사, 검사, 농구공, 농구선수, 야구선수, 야구공, 축구공, 축구선수, 아나운서, 마이크, 경찰관, 유튜버, 선생님, 판사, 의사, 소방관
- 사회 4학년 – 문화유산
  - 문화유산 단원을 복습하며 다양한 문화유산의 특징을 살려 그려보기
  - 불국사, 첨성대, 경복궁, 강강술래, 익산 미륵사지 석탑, 택견, 남한산성, 고인돌, 종묘
- 국어 4학년 – 내가 만든 이야기 단원 정리 차시
  - 각자 자신들이 가진 단어들을 활용하고 창의적인 아이디어를 활용하여 이야기 만들기

교육적 효과

- 제한 시간 안에 주제를 이해하고, 이를 그림으로 표현해야 할 뿐만 아니라 또 다른 플레이어가 그 의미를 추측해야 합니다. 이 과정은 문제 해결 능력을 향상시키는 데 도움을 줍니다.

- 주어진 주제에 맞게 그림을 그리게 됩니다. 이 과정에서 학생들은 주제를 시각적으로 표현하기 위해 상상력과 창의력을 발휘해야 합니다.

- 주제를 그림으로 변환하는 과정과 다른 플레이어가 그 그림을 해석하는 과정에서 논리적 사고가 필요합니다. 이를 통해 논리적 사고력을 기를 수 있습니다.

- 그림을 통해 정보를 전달하고 해석하는 과정에서 시각적 인지 능력이 향상됩니다. 초등학생들에게 시각적 인지 능력은 중요한 학습 요소입니다.

그림 그리고 추측하고 맞히고 다시 그리기!

텔레스트레이션

국어	수학	사회	과학	영어	음악	미술	체육	도덕	실과	창체

스케치북 8권

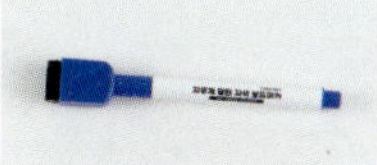

지우개 달린 보드마카(별도구입)

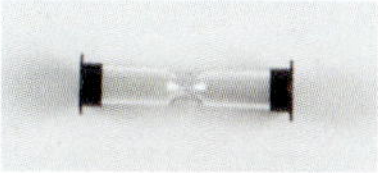

모래시계

주사위

카드

※지우개, 보드마카가 별도로 들어있으나, 일체형이 관리하기 편함

게임 방법

1 게임 준비

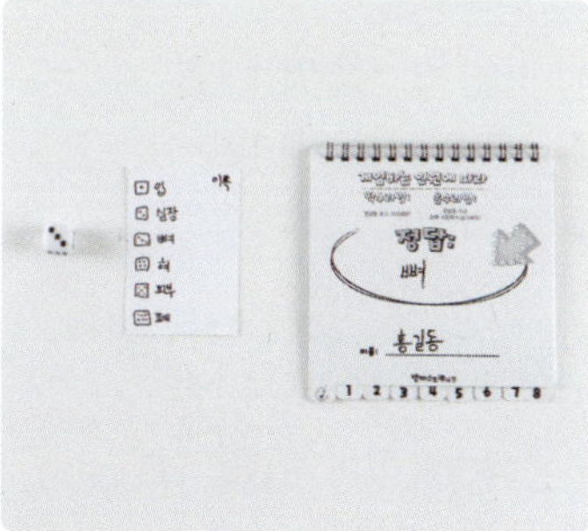

1. 각자 스케치북과 펜, 단어 카드를 가져간 후 스케치북에 이름을 적습니다. 단어 카드는 다른 사람이 보지 못하게 합니다.
2. 한 명이 주사위를 굴리고, 굴린 숫자에 해당하는 단어를 자신의 스케치북 앞에 적습니다.
3. 게임 인원에 따른 시작 페이지
   - 홀수: 카드의 정답을 쓰기
   - 짝수: 카드의 정답을 앞에 쓰고 다음 페이지에 그림 그리기

★ 모둠원은 4~8명까지 가능해요!

★ 교과 활용 시 이렇게 관련 카드를 직접 만들 수 있어요!

★ 각자 진행할 경우 순서가 엉키기 때문에 수업 시 모든 모둠이 교사의 지시에 따라 한번에 넘기도록 해 주세요!

② 게임 진행 1

1. 자신의 스케치북을 그대로 왼쪽 사람에게 넘깁니다.
2. 모래시계를 뒤집고, 모래가 다 떨어질 때까지 앞의 단어를 설명하는 그림을 그립니다.
3. 모래가 다 떨어지면 한 페이지를 넘기고 왼쪽 사람에게 스케치북을 건네줍니다.

☆ 모래시계의 시간이 길 경우, 교사가 적당한 시간(8~10초)을 주고 넘기도록 해요!

☆ 그림을 그릴 때 숫자나 글자는 쓰지 않도록 해요!

☆ 다른 페이지를 넘기거나 보지 못하도록 해요!

③ 게임 진행 2

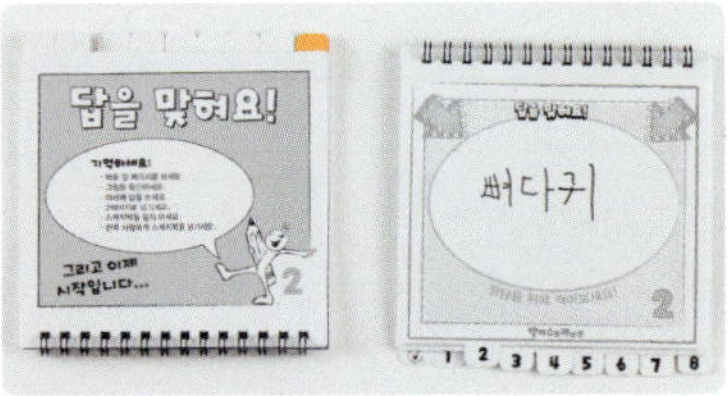

1. 자신의 스케치북을 그대로 왼쪽 사람에게 넘깁니다.
2. 그림을 보고, 어떤 답일지 추측합니다.
3. '답을 맞혀요!' 페이지에 답을 적습니다.

☆ 답을 모두 적은 뒤에는 모두 동시에 다음 사람에게 스케치북을 건네줘요!

④ 게임 종료 및 점수 배점

1. 앞의 단계를 반복하여, 스케치북이 자신에게 돌아오면 게임이 종료됩니다.

즐거운 규칙

① 마지막 답과 처음 정답이 같다면 자신에게 1점

② 가장 마음에 드는 그림을 그린 사람에게 1점

③ 가장 마음에 드는 답을 쓴 사람에게 1점

경쟁 규칙

① 마지막 답과 처음 정답이 같다면 자신에게 1점

② 뒷사람이 점수를 받도록 그림을 그린 사람은 1점

③ 앞에 나온 답과 같은 답을 적은 사람은 1점

☆ 한 명씩 번갈아가며 스케치북을 펼치고, 처음 단어가 어떻게 변해갔는지 이야기 나눠요. 답을 맞히는 것보다 이 부분이 가장 흥미로워요! 틀리면 더 재밌기 때문에 그림을 못 그리는 친구들도 즐겁게 참여할 수 있어요!

수업에 도움이 되는 이야기

주제 카드 앞면 내용을 변경

▶ 카드를 활용하고 싶은 단원이나 주제를 정하고 단원, 주제와 관련된 단어를 생각그물로 빈 종이에 그려봅니다. 그중, 중요한 단어를 정리하여 빈 주제 카드 목록에 적습니다.

예 6학년 과학 우리 몸의 구조와 기능 정리 수업에 활용

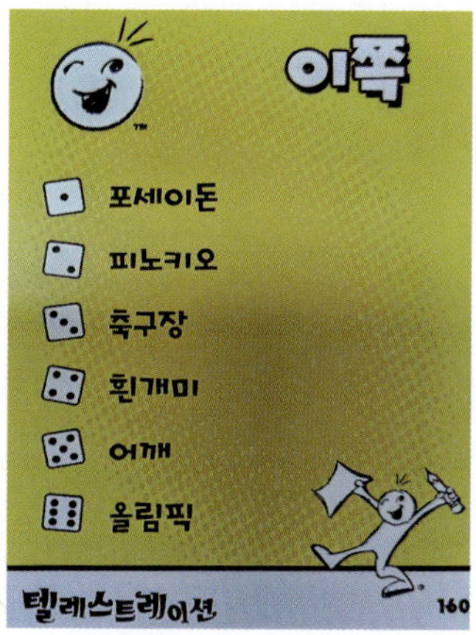

텔레스트레이션 카드

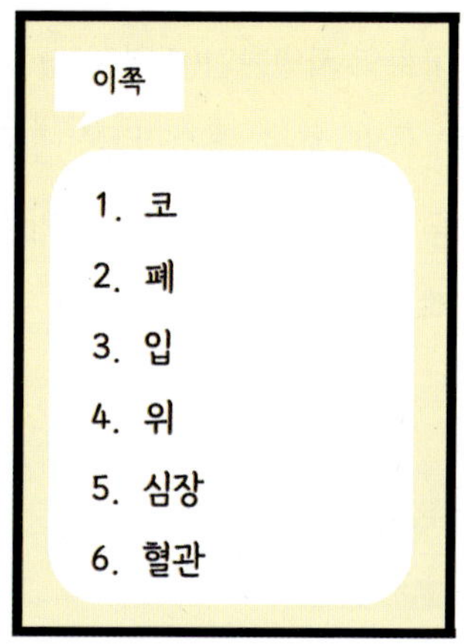

빈 카드에 주제어를 쓴 카드

▶ 아이들이 순환, 호흡, 소화 기관을 그릴 수 있다는 것은 각 기관의 구조와 기능을 잘 이해하고 있고, 잘 설명할 수 있다는 뜻입니다. 단원이 끝나고 정리 차시에서 개념 복습으로 유용하며, 또한 틀리더라도 부담 없이 즐겁게 할 수 있어 매우 추천하는 활동입니다.

스케치북 관리 방법

▶ 게임은 '그린 것을 모두 지우기까지'가 진정한 게임 종료! 잉크가 굳으면 지우기가 힘듭니다. 그림이 오래 지난 경우, 멸균 티슈를 사용하면 깔끔하게 잘 지워지고 재사용이 가능합니다.

주제어가 비어있는 카드 양식을 바로 내려받을 수 있는 QR 코드→

※ 두꺼운 A4 종이에 양면 인쇄 하는 것을 추천합니다.

다양한 수업 활용 주제 예시

- 창체 전 학년 - 학기 초 친해지기 활동
  - ↳ 우리 학교, 선생님, 탕후루 등 아이들의 관심사를 키워드로 활용하기
- 영어 4학년 - 직업(job) 정리 활동
  - ↳ teacher, doctor, police officer, fire fighter
- 사회 5학년 - 국토의 자연환경(자연재해)
  - ↳ 황사, 가뭄, 폭염, 호우, 홍수, 태풍, 한파, 폭설, 지진
- 과학 6학년 - 우리 몸의 구조와 기능 정리 활동
  - ↳ 입, 심장, 뼈, 혀, 폐

교육적 효과

- 그림을 통해 아이디어나 개념을 전달하고 설명하게 됩니다. 이 과정에서 학생들은 언어를 사용하지 않고도 상호 작용하고 의사 소통하는 비언어적 상호작용 능력을 발달시킬 수 있습니다.
- 주어진 주제나 단어에 대해 그림을 그리고 설명하는 과정을 반복하면서, 학생들은 자신만의 고유한 방식으로 상상력을 발휘하고 창의적 사고력을 키울 수 있습니다.
- 시간 제한이 있기 때문에 학생들은 빠르게 문맥을 이해하고, 주어진 단어나 문구에 대한 적절한 그림과 설명을 생각해내야 합니다. 이는 학생들의 빠른 사고력과 문맥 이해력을 향상시킬 수 있습니다.

작품으로 소통하기!
픽처스

국어 | 수학 | 사회 | 과학 | 영어 | 음악 | 미술 | 체육 | 도덕 | 실과 | 창체

사진 카드 91장 (양면)

위치 토큰 48개 (16종류, 각각 3개씩)

+ 기타 구성물
숫자 토큰 4개
알파벳 토큰 4개
작품 이름표 4개
천 주머니(위치 토큰 사진에 있는 천주머니)
점수표 1묶음

재료 세트1 :액자 1개, 색깔 큐브 24개 (색깔당 3개)

재료 세트2 :블록 6개

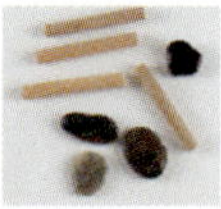

재료 세트3 :막대 4개, 돌 4개

재료 세트4 :기호 카드 19장

재료 세트5: 짧은 끈 1개, 긴 끈 1개

게임 방법

① 게임 준비

1. 사진 카드 91장을 잘 섞은 후, 16장을 뽑아 4*4 모양으로 테이블 한가운데에 놓습니다.
2. 4*4 배치판 위쪽에는 숫자 토큰, 왼쪽에는 알파벳 토큰을 한 줄당 1개씩 차례대로 놓습니다.
3. 숫자 토큰과 알파벳 토큰은 사진의 위치를 의미합니다.
4. 주머니에 위치 토큰 48개를 모두 넣고 잘 섞습니다.
5. 게임에 참여하는 모든 사람은 재료 세트를 하나씩 골라 가져옵니다.
6. 모든 사람은 점수표를 한 장씩 가져오고, 자신을 제외한 다른 사람의 이름을 점수표 가장 윗줄에 적습니다.

☆ 방금 놓은 구성물들은 게임이 끝날 때까지 그 자리에서 움직이지 않아요. 사람의 수가 부족하여 재료 세트가 남아도 빈 곳에 둬요!

2 게임 진행

1. 각자 주머니에서 위치 토큰 1개를 무작위로 뽑습니다. 위치 토큰에 적힌 알파벳과 숫자는 이번 라운드에 표현해야 하는 사진 카드의 위치를 가리킵니다.
2. 모두 동시에 자신의 재료 세트로 사진 카드를 표현합니다. 어떤 식으로든 자유롭게 표현할 수 있으며, 재료 세트의 모든 구성물을 사용할 필요도 없습니다. 재료 세트 4를 제외하고 작품 이름표를 활용하여 어느 쪽이 아래인지를 표시할 수 있습니다.
   - 예외1: 재료 세트 1은 반드시 색깔 큐브를 딱 9개만 사용해서 액자 안을 3*3 형태로 채워야 합니다.
   - 예외2: 재료 세트 4는 모든 기호 카드 중에 2~5장만 사용하고, 고른 카드들을 옆으로 나란히 늘어놓습니다.

☆ 게임은 총 5라운드로 진행돼요.

3 게임 진행

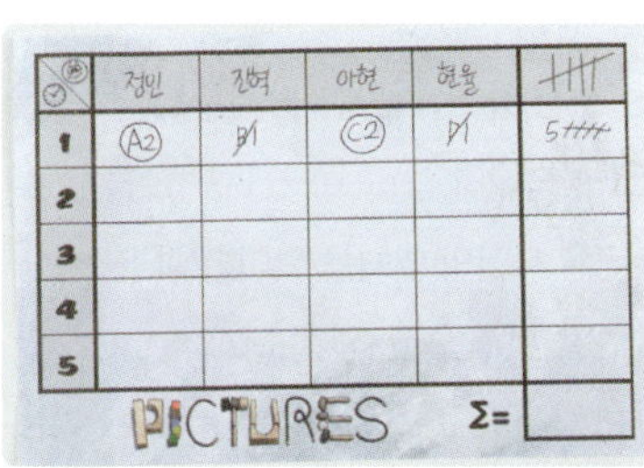

(한 라운드 종료 후의 점수표 예시 사진입니다)

1. 다른 사람의 작품이 어떤 사진을 표현하고 있는지 맞힙니다. 점수표에 적어둔 다른 사람의 이름 밑에, 그 사람이 표현했다고 생각하는 사진 카드의 위치를 적습니다.
2. 먼저 정답을 공개할 사람(공개자)을 정합니다.
3. 나머지 사람들은 자기 점수표를 보고, 그 사람의 이름 아래에 적어둔 위치를 말합니다. 모든 사람이 각자 추측한 위치를 말하면, 공개자가 자기 토큰을 앞면으로 뒤집어 공개합니다.
4. 사진을 맞힌 사람은 1점을 받습니다. 공개자는 이렇게 답을 맞힌 사람 한 명당 1점을 받습니다. 획득한 점수는 점수표 맨 오른쪽 줄에 작대기를 그어 표시합니다.
5. 이렇게 시계 방향으로 돌아가며 모두가 정답을 발표하면 한 라운드가 끝납니다.
6. 이번 라운드에 공개한 위치 토큰은 주머니에 돌려놓지 않고 게임 상자에 넣습니다.
7. 한 라운드가 끝나면, 각자 왼쪽 재료 세트로 이동합니다. 3명 또는 4명이서 게임을 하는 경우 빈 재료 세트로도 이동합니다.

☆ 한 라운드가 끝나면 자신의 재료를 원래 상태로 정리해요.

❹ 게임 종료

1. 5라운드까지 진행하면 게임이 끝납니다.

2. 라운드별로 얻은 점수를 모두 더해, 점수가 가장 높은 사람이 이깁니다.

☆ 점수가 가장 높은 사람이 여러 명이라면 그 사람들 모두가 승자예요.

Icon made by Freepik from www.flaticon.com

수업에 도움이 되는 이야기

사진 카드를 수업 주제로 변경

▶ 단원이나 수업을 끝내고 오늘 배웠던 내용 중에 기억하고 싶은 내용이나 어려웠던 내용을 뽑아 체크하거나 정리합니다. 정리한 내용을 잘 나타내는 그림을 선정해서 인쇄하거나 교과서 사진을 잘라서 사진 카드를 만듭니다. 구하기 어려운 사진일 경우 직접 그릴 수도 있습니다. 또한, 학생들의 복습을 돕고 더불어 에듀테크 능력을 향상시키기 위해 캔바 등 다양한 사이트를 활용하여 사진 카드를 만들 수 있습니다.

예 4학년 사회 우리가 알아보는 지역의 역사

↳ 최무선, 진흥왕, 신돌석, 정몽주, 선덕여왕, 첨성대, 불국사, 동궁과 월지

- 교과 학습에 이 게임을 이용 시 직접 선정하거나 만든 사진 카드로 게임을 진행하면 카드 내용을 선정하는 과정에서 1차 복습, 그 카드를 가장 잘 나타내주는 사진을 선정하는 과정에서 2차 복습, 그 사진을 인쇄하고, 그리고, 자르는 과정에서 3차 복습, 게임을 실제로 진행하는 과정에서 4차 복습까지 진행할 수 있습니다.

- 단순히 게임만 진행하는 것이 아니라, 학생들의 창의력 및 상상력도 향상시킬 수 있습니다. 또한 사진을 보고 다양한 재료 세트로 시각화하는 과정을 통해 기억을 더 체계적으로 할 수 있습니다.

난이도 업 규칙

- 게임을 정말 잘하는 모둠은 재료 카드 4의 기호 카드 수를 기존 개수보다 더 제한합니다. 기존 개수가 2~5개라면 2~3개나 2~4개로 바꾸면서 학생들은 자신의 생각을 조금 더 잘 표현할 수 있습니다.

이야기 기회 늘리는 방법

- 자신의 생각을 구체물로 구현해내는 과정에서 많은 생각들이 함축됩니다. 이 생각을 말로 표현해야 다른 사람도 이 사람이 어떤 사고 과정으로 작품을 표현했는지 알 수 있고, 서로 의사소통할 수 있는 기회가 많아짐으로써 이 게임의 의미를 이해하고 효과적인 게임 진행이 가능해집니다. 하지만 이야기를 많이 하지 않고, 게임을 빠르게만 진행하다 보면 학생들은 게임의 의미를 잃게 됩니다.

- 따라서 이야기 기회를 늘리기 위해서는 다음과 같이 진행합니다. 정답을 발표할 때 정답만 발표하는 것이 아닌 왜 이렇게 작품을 표현했는지 자세하게 설명하고 미니 Q&A 시간도 가집니다. 이렇게 함으로써 자신의 작품에 대한 자신감도 얻고, 다른 사람과 묻고 답하면서 의사소통 능력도 신장시킬 수 있습니다. 더불어, 다른 사람의 좋은 아이디어도 착안해서 다음 작품을 만들 때 활용할 수도 있습니다.

다양한 수업 활용 주제 예시

- 미술 4학년 - 여러 가지 재료와 표현

  ↳ 호프만의 러버 덕(폴리염화비닐), 피카소의 황소 머리(자전거 안장과 손잡이), 빈의 닭이 먼저일까, 달걀이 먼저일까?(달걀 껍데기)

- 창체 - 환경 교육

  ↳ 플라스틱, 철, 분리수거 통, 환경오염 된 자연경관, 빙하, 북극곰

교육적 효과

- 사진의 세부 사항을 관찰하고 이를 재현하는 과정에서 관찰력이 향상됩니다. 이는 주의력과 집중력을 기르는 데 도움이 됩니다.
- 추상적 아이디어를 구체적인 형태로 표현하는 과정에서 추상적 사고 능력이 발달 됩니다.
- 다양한 도구와 재료를 사용하여 사진을 재현하는 과정은 인지 유연성을 요구합니다. 또한 제한된 자원을 활용하여 사진을 재현해야 하기 때문에 이는 창의적 사고력과 유연한 문제 해결 능력을 향상시키는 데 도움이 됩니다.

다

수학적 사고를 기르는 보드게임

(수학)

곱셈구구를 이용한 스피드 게임!

맞수

국어 | 수학 | 사회 | 과학 | 영어 | 음악 | 미술 | 체육 | 도덕 | 실과 | 창체

곱셈카드 5색(총 72장)

게임 방법

1 게임 준비

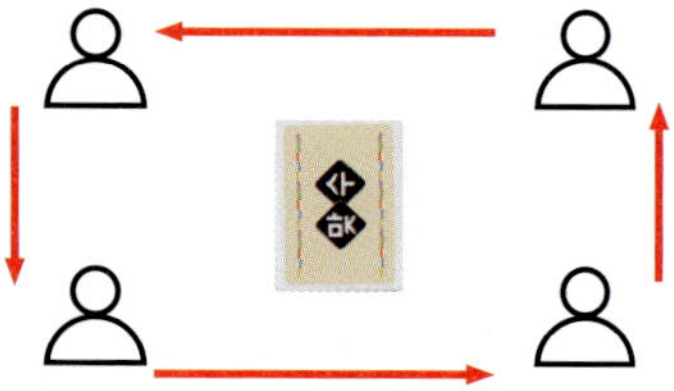

1. 곱셈 카드 72장을 전부 모아 섞고, 뒷면이 보이도록 한 더미로 쌓습니다.

2. 가장 먼저 시작할 학생을 정하고 게임 진행 방향과 순서를 결정합니다.

★ 적정 인원: 2인~4인 추천

2 게임 진행 (1)

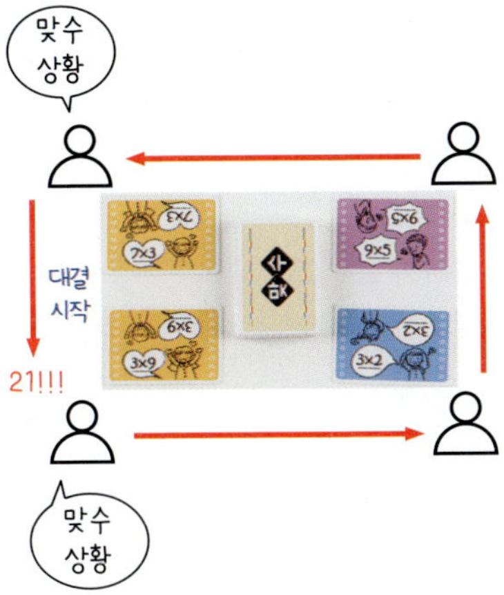

1. 자기 순서가 되면 카드 더미에서 카드 한 장을 잡고 자기 앞에 뒤집어 카드를 공개합니다.
2. 카드가 공개된 순간 모든 학생들은 공개된 카드들 중 같은 색깔의 카드가 있는지 확인합니다. 확인 결과에 따라 다음 중 상황에 맞는 행동을 수행합니다.

(1) 같은 색깔의 카드가 있는 경우

↳ 같은 색깔의 두 학생은 서로의 카드에 있는 곱셈구구를 풀고 먼저 답을 외칩니다.(=맞수 상황 발생) 먼저 바른 답을 외친 사람은 상대 앞에 있는 같은 색의 카드를 가져가고 이 카드는 나중에 점수로 계산합니다.

(2) 같은 색깔의 카드가 없는 경우

↳ 다음 학생에게 순서가 넘어갑니다.

☆ 카드를 뒤집을 때는 상대가 먼저 볼 수 있는 방향(자기 몸 바깥 방향)으로 뒤집도록 정해야 판정 시비가 생기지 않아요.

☆ 틀린 답을 외쳤을 때 불이익을 없게 해야 학생들이 자신감을 가지고 도전할 수 있어요.

3 게임 진행 (2)

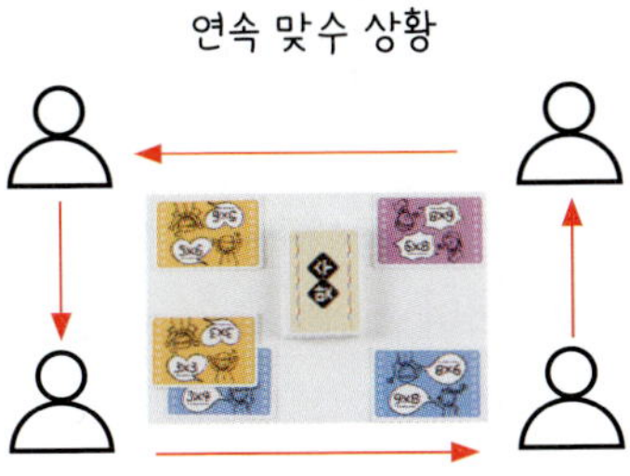

1. 맞수 상황이 발생하지 않아 학생 앞에 카드들이 많이 쌓이게 되면 맞수 상황이 연쇄적으로 발생할 수 있습니다.
2. 그림과 같은 상황 왼쪽 아래 학생의 경우, 노란 카드를 뺏기자마자 파란 카드가 위로 드러나 또 오른쪽 학생과 경쟁해야 하기 때문에 계속해서 집중해야 합니다. (=연속 맞수 상황)

☆ 학생들이 게임 규칙에 익숙해지면 미리 다른 친구들의 카드를 보고 암산을 해 두라고 알려주세요. 주어진 시간 안에 많은 곱셈 연습을 시킬 수 있어요.

④ 게임 종료

가장 많은 카드를 가진 사람

1. 뒤집혀 있던 곱셈구구 카드가 모두 공개되면 게임이 종료됩니다. 점수로 가져간 카드의 수를 계산해서 가장 많은 카드를 가진 학생이 게임에서 승리합니다.

☆ 학생들마다 곱셈구구 문제를 인지하고, 답을 외치는 데 걸리는 시간의 차이가 크기 때문에 첫 게임을 한 후 게임 그룹을 다시 구성하는것을 추천해요.
(수업에 도움이 되는 이야기 참고)

Icon made by Freepik from www.flaticon.com

수업에 도움이 되는 이야기

학생 수준에 따른 모둠 구성

- 학생들마다 계산 속도의 차이가 커서 계산 속도가 빠른 친구와 느린 친구를 같은 게임 그룹으로 편성하면 서로 게임에 흥미를 잃을 수도 있습니다. 기존에 만들어져 있던 모둠 구성원끼리 게임을 시키면 수준이 다른 학생들끼리 경기가 될 수도 있습니다. 이를 막기 위해서 아래 방법들을 활용할 수 있습니다.

  1) 기존 모둠 구성원끼리 연습 게임 1판 실시 후 등수별로 모둠을 재구성
  (1등은 1등끼리, 2등은 2등끼리)

  2) 학생들이 가장 헷갈려하는 7단이나 8단 연습 문제를 교사가 제시하고 답을 내놓는 시간을 스스로 진단할 기회를 제공합니다. 그 이후 자신있는 그룹과 계산에 시간이 필요한 그룹으로 나눠 모둠을 재구성합니다.

- 3학년 이상의 학생인데도 곱셈구구를 못하는 학생, 혹은 어느정도 곱셈구구를 외웠지만 대답하는 데 오래 걸리는 학생이 있다면 맞수 '덧뺄셈버전'을 사용하여 게임을 즐길 수 있도록 합니다.

곱셈구구를 스스로 연습하도록 과제 부여

- 곱셈구구를 알아야 이 게임에 참여가 가능하기 때문에 처음 게임을 해보고 곱셈구구를 숙달할 시간을 주는 것이 좋습니다. 한번 게임을 하고 나면 곱셈구구 공부의 필요성을 학생들이 느끼게 됩니다. 2~3주 후 쯤에 다시 게임을 하겠다고 말해주고 공부할 시간을 준다면 학생들에게 학습동기를 줄 수 있습니다. 단발성이 아닌 장기적 학습동기 유발이 될 수 있도록 활용할 수 있습니다.

다양한 수업 활용 주제 예시

- 수학 2학년 - 곱셈구구
  - 곱셈구구 복습에 초점이 맞추어져 있는 교육용 게임이므로 다른 영역에 응용하는 방법을 찾기보다는 곱셈구구 숙달에 사용
- 수학 1학년 - 덧셈과 뺄셈
  - 1학기 덧셈과 뺄셈 단원 공부한 후 단원 마무리 활동
  - 맞수 덧셈/뺄셈 버전을 활용

교육적 효과

- 초등학생들의 곱셈 정확도와 속도를 결정하는 가장 중요한 요소인 곱셈 연산을 숙달시켜 수학적 계산 능력을 키워줍니다.
- 연속 맞수 등의 상황은 학생들을 몰입시켜 상황 인지 및 대처 능력을 길러줄 수 있습니다.
- 곱셈구구 문제를 보고 빠르게 계산해야 하기 때문에 시각적 인지 능력이 향상됩니다. 초등학생들에게 시각적 인지 능력은 중요한 학습 요소입니다.

벌점을 피하며 연속되는 수 알아보기!

노 땡스

국어 | 수학 | 사회 | 과학 | 영어 | 음악 | 미술 | 체육 | 도덕 | 실과 | 창체

카드(3~35)

토큰

게임 방법

1 게임 준비

▶ 게임 목적: 카드(벌점)를 가장 적게 받는 것!

1. 토큰을 똑같이 나누어 받습니다. 게임이 시작되면, 상대방에게 토큰 개수가 보이지 않게 가립니다.
2. 카드를 모두 잘 섞은 후 중앙에 뒤집은 카드 더미를 만듭니다.
3. 맨 위 카드 한 장을 뒤집어 게임을 시작합니다.

★ 모둠원은 3~7명까지 가능해요!

★ 토큰의 개수는 마지막에 합한 점수(벌점)를 상쇄시켜 줘요!

② 게임 진행 및 종료

1. 한 명씩 돌아가며 '카드 받기' 또는 '토큰 한 개 내기'의 행동 중 하나를 골라 합니다. 자신이 가지고 있는 토큰이 없으면 카드를 무조건 받아야 합니다.
2. 카드를 받을 때는 카드 위에 얹어진 토큰도 함께 받아옵니다.
3. 누군가 카드를 받아 가면, 카드 더미에서 새 카드를 뒤집어 계속 게임을 진행합니다.
4. 카드 더미의 카드가 모두 없어지면 게임이 종료됩니다.

☆ 자신이 가지고 있는 토큰 수가 적다는 생각이 든다면, 카드에 토큰이 쌓여가는 것을 기다렸다가 토큰이 적당히 모였을 때 카드를 받아오는 전략이 있어요!

③ 점수 계산

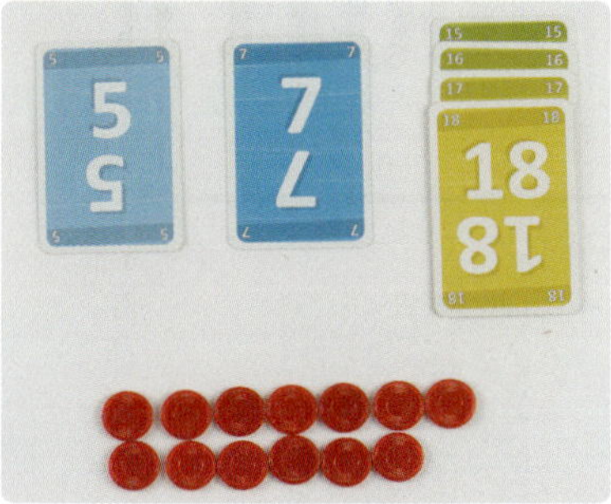

벌점: (5+7+15)−13(토큰)= 14점

1. 받은 카드를 모두 더해 벌점을 계산합니다.
2. 이때 연속되는 수일 경우, 가장 작은 숫자 카드 하나만 계산합니다.
3. 카드의 숫자를 모두 합한 후, 갖고 있는 토큰의 개수만큼 빼 전체 벌점을 계산합니다.
4. 벌점이 가장 낮은 사람이 승리합니다.

☆ 서로의 벌점을 계산하여 점수가 정확한지 확인해요.

수업에 도움이 되는 이야기

숫자 카드 제작

- 빈 카드에 세 자리 수 카드를 만들어 게임에 활용할 수 있습니다.
  - 예 3학년 수학 덧셈과 뺄셈, 세 자리 수의 덧셈
- 빈 카드에 뛰어 세기 한 수 카드를 만들어 게임에 활용할 수 있습니다.
  - 예 2학년 수학 덧셈과 뺄셈, 네 자리 수 뛰어 세기

1500	1600	1700
1500	1600	1700

빈 카드 양식을 바로 내려받을 수 있는 QR 코드 →

※ 두꺼운 A4 종이에 양면 인쇄하는 것을 추천합니다.

숫자쓰기
숫자쓰기 (상하좌우대칭)

다양한 수업 활용 주제 예시

- 수학 2학년 - 두 자리 수의 덧셈과 뺄셈
  - ↳ 받아 올림이 있는 두 자리 수의 덧셈, 세 수의 계산, 네 자리 수 뛰어 세기
- 수학 3학년 - 세 자리 수의 덧셈과 뺄셈
  - ↳ 받아 내림이 있는 세 자리 수의 뺄셈
- 수학 4학년 - 큰 수
  - ↳ 만, 억, 조 알아보기, 뛰어 세기

교육적 효과

- 전략적 사고와 결정력을 키울 수 있습니다. 어떤 카드를 선택하고 거부할지에 대한 전략적인 결정을 내려야 하는 과정에서 학생들은 결정력을 기르고, 결과에 따른 대응 능력을 향상시킬 수 있습니다.
- 카드의 점수를 계산하고 관리하는 능력을 키우는 데 도움을 줍니다. 학생들은 카드의 수와 점수를 빠르게 계산하며, 수학적 사고력을 향상시킬 수 있습니다.
- 자원 관리와 위험 관리가 중요한 요소입니다. 학생들은 자신의 카드 수를 관리하고, 상대방들의 전략을 예측하며 적절히 대응하는 방법을 배울 수 있습니다.

연역 추리로 비밀 코드를 밝혀라!

다빈치 코드

국어 | 수학 | 사회 | 과학 | 영어 | 음악 | 미술 | 체육 | 도덕 | 실과 | 창체

숫자 타일 (0~11)　　조커 타일 (-)

게임 방법

① 게임 준비

1. 한 모둠은 3~4명으로 구성합니다.
2. 숫자 타일(1~11) 22개를 무작위로 섞은 후 색깔 상관 없이 3~4개씩 나눠 가집니다.
3. 나눠주고 남은 타일은 뒤집은 상태로 섞어 가운데에 모아둡니다.
4. 가져간 타일은 오른쪽으로 갈수록 숫자가 커지도록 정리합니다.
5. 만약 같은 숫자가 있다면 검정 타일을 왼쪽에 놓습니다.

☆ 숫자 타일은 3명 진행일 땐 4개씩, 4명 진행일 땐 3개씩 나눠 가져요.

② 게임 진행 - 가운데 타일 더미가 있는 경우

1. 순서를 정하고 자기 차례가 되면 가운데 타일 더미에서 타일 1개를 가져와 자신의 타일 순서에 맞게 정리해서 놓습니다.
2. 그 뒤에 상대 타일 1개를 가리키면서 어떤 숫자인지 맞힙니다.
3. 지목한 타일의 숫자가 오답일 경우엔 자신이 이번 차례에 뽑았던 타일을 쓰러뜨려 공개하고 차례를 마칩니다.
4. 지목한 타일의 숫자가 정답이라면 상대는 자신의 타일을 쓰러뜨려 공개합니다.
5. 상대 타일을 쓰러뜨렸다면 차례를 마칠 수도 있고, 다른 타일 1개를 더 맞혀볼 수 있습니다.

☆ 상대 타일 숫자를 계속 맞히면 차례 한번에 여러 개의 패도 쓰러뜨릴 수 있습니다.

③ 게임 진행 및 종료 - 가운데 타일 더미가 없는 경우

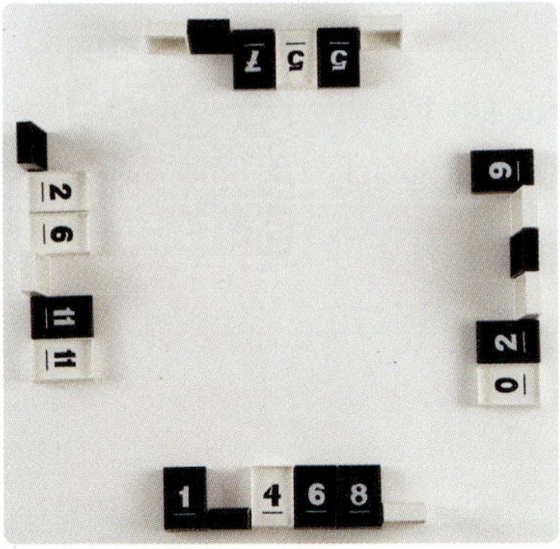

1. 게임 진행 중 가운데 타일 더미가 다 떨어진 이후로는 타일 뽑기를 생략하고 바로 맞히기 시도를 해야 합니다.
2. 이때 맞히기에 실패할 경우 자신의 타일 중 아무거나 1개를 공개하고 차례를 마칩니다.
3. 이 과정을 반복하여 자신의 모든 패가 쓰러지면 탈락입니다.
4. 상대의 모든 패를 쓰러뜨리고 마지막 남은 사람이 승리합니다.

☆ 더 어려운 게임을 원한다면 '조커' 패(-) 2개를 활용하여 게임을 진행할 수 있습니다. '조커' 패는 어느 위치에도 넣을 수 있으며 같은 숫자 사이에 넣어도 됩니다. '조커' 패를 쓰러뜨리려면 "조커"라고 말하며 가리켜야 합니다.

수업에 도움이 되는 이야기

구성물 관련 꿀팁

보드게임이 모둠 수만큼 없어요!

- 다빈치코드 보드게임을 모둠 수만큼 구비하여 활용하기 어려운 경우, 스케치북이나 두꺼운 도화지를 활용하여 간단한 수준의 변형 게임으로 진행할 수도 있습니다.

빈 카드 양식 활용하는 방법(예 2학년 수학 길이 재기)

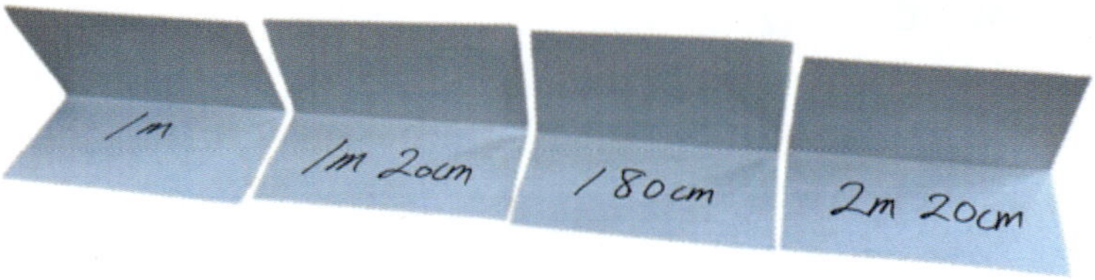

1) TV 화면(또는 칠판)에 길이 문제 10~20개 정도를 제시합니다.(80cm/1m/130cm 등)
2) 학생들(짝 또는 모둠활동)은 화면에 제시된 길이 문제를 확인한 후 빈 카드 양식(점선 아래쪽 칸)에 적고 무작위로 섞은 뒤 게임을 준비합니다.
3) 짝 혹은 모둠끼리 다빈치 코드 게임 방식으로 게임을 진행합니다.

빈 카드 양식을 바로 내려받을 수 있는 QR 코드 →

※ 두꺼운 A4 종이에 인쇄하는 것을 추천합니다.

다양한 수업 활용 주제 예시

숫자 대신 순서가 있는 개념어를 활용하여 게임을 진행할 수 있습니다.
이때 TV 화면이나 추가 활동지를 통해 각 개념어들의 종류는 항상 제시해 주어야 합니다.

- 수학 2학년 - 길이재기 / cm보다 더 큰 단위를 알아볼까요?
  - → 1m, 1m 20cm, 130cm, 180cm, 2m, 2m 20cm, 230cm
- 사회 5학년 - 옛 사람들의 삶과 문화 단원 정리: 나라 건국 순서
  - → 고조선, 신라, 고구려, 백제, 고려, 조선
- 과학 6학년 - 우리 몸의 구조와 기능 / 음식물은 우리 몸 속에서 어떻게 될까요?
  - → 입-식도-위-간/쓸개/이자-작은창자-큰창자-항문(음식이 몸을 통과하는 순서)
- 영어 6학년 - What Grade Are You In?
  - → first, second, third, fourth, fifth

교육적 효과

- 상대방의 비밀 숫자를 추리하기 위해 다양한 단서를 바탕으로 논리적으로 생각하고, 결론을 도출하는 능력이 중요합니다. 이 과정에서 학생들은 논리적 사고와 문제 해결 능력을 자연스럽게 발전시킬 수 있습니다.
- 상대방의 숫자와 자신의 추측을 기억하는 것이 게임의 중요한 요소입니다. 기억력 훈련을 통해 정보 처리 능력과 단기 기억이 향상됩니다.
- 자신의 숫자를 감추고 상대방의 숫자를 추리하는 전략이 필요합니다. 어떤 정보를 언제 공개할지, 상대방의 추리를 방해할 방법을 생각하는 과정에서 전략적 사고 능력이 강화됩니다.
- 게임 내내 상대방의 움직임과 발언을 주의 깊게 관찰해야 하며, 이를 통해 단서를 파악합니다. 이러한 과정은 집중력과 세부 사항을 관찰하는 능력을 높이는 데 도움이 됩니다.
- 게임에서 숫자를 다루고 이를 조합하여 논리적 추론을 해야 하기 때문에 수학적 사고력, 특히 숫자 감각과 패턴 인식 능력이 발달할 수 있습니다.

우리 모두 한마음이 되어!
더 마인드

국어 | 수학 | 사회 | 과학 | 영어 | 음악 | 미술 | 체육 | 도덕 | 실과 | 창체

앞면 뒷면

숫자 카드 100장 (1~100)

레벨 카드 12장 (1~12)

수리검 카드 3장

생명 카드 5장

게임 방법

1 게임 준비

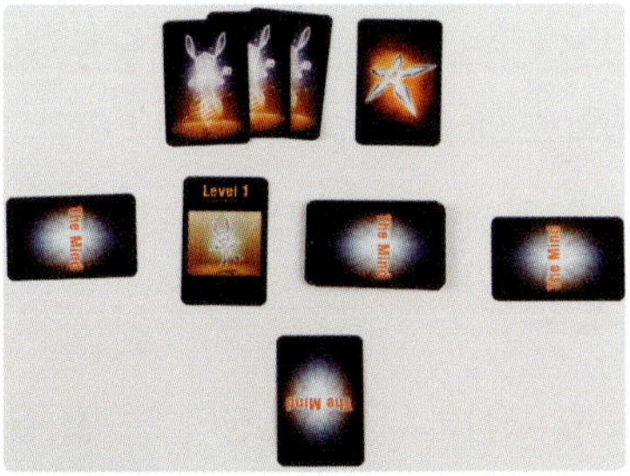

3인, 레벨 1 플레이 예시

1. 플레이어 수에 맞게 각각의 카드를 가지고 옵니다.

인원 수	레벨 카드	생명 카드	수리검 카드
2명	1~12	2장	1장
3명	1~10	3장	1장
4명	1~8	4장	1장

2. 생명 카드와 수리검 카드를 테이블의 가운데에 둡니다.
3. 레벨 카드는 낮은 수가 위로 오도록 순서대로 더미를 만들어 쌓아 둡니다.
4. 숫자 카드 100장을 섞은 후, 각 플레이어에게 레벨 숫자와 똑같은 장수의 카드를 나누어 줍니다. 플레이어는 숫자 카드를 받은 후, 다른 사람이 볼 수 없도록 손에 듭니다.

   예 레벨 1 플레이 시 각자 숫자 카드 한 장씩
   레벨 3 플레이 시 각자 숫자 카드 세 장씩

5. 나머지 숫자 카드는 한쪽에 둡니다.

② 집중 단계

실제 플레이할 때는 각자의 카드를 보여주지 않습니다.

1. 순서가 없는 협력 게임으로 자신이 받은 카드를 확인한 후 현재 레벨에 도전할 준비가 되면 테이블 위에 한 손을 올려 둡니다.
2. 모든 플레이어가 준비되면, 올려놓은 손을 동시에 떼고 도전을 시작합니다.
3. 플레이어가 들고 있는 카드를 오름차순으로 내려두어야 하며 카드는 항상 한 번에 1장만 내려놓을 수 있습니다.
4. 순서는 없으며, 자신의 손에 있는 카드가 가장 낮은 숫자의 카드라고 생각되면 카드를 내려두면 됩니다.
5. 이때 어떤 식으로라도 서로의 카드를 보여주거나 알려줘서는 안 됩니다. 서로 의논하거나 몰래 신호를 줘도 안 됩니다.

③ 레벨 도전 - 카드 놓기

1. 가장 낮은 숫자를 가지고 있다고 생각한 플레이어가 자신의 카드를 먼저 테이블의 가운데 앞면으로 내려둡니다.
2. 그다음 낮은 숫자를 가지고 있다고 생각한 플레이어가 차례로 자신의 카드를 내려둡니다.
3. 모든 플레이어가 오름차순으로 카드를 내려놓는 데 성공했다면 해당 레벨의 도전에 성공한 것입니다.
4. 방금 도전에 성공한 레벨 카드는 상자에 넣어두고 다음 레벨에 도전할 준비를 합니다.
5. 방금 사용한 숫자 카드를 포함해 다시 100장의 카드를 잘 섞습니다.
6. 섞은 100장의 숫자 카드를 다시 레벨 숫자와 같은 수만큼 각 플레이어에게 나누어줍니다.

④ 보상 획득

1. 2, 3, 5, 6, 8, 9 레벨을 성공하면 보상을 획득합니다.
2. 이때 받는 보상은 각 레벨 카드의 아래쪽에 적혀있으며 수리검 카드 또는 생명 카드를 보상으로 받을 수 있습니다.
3. 해당 레벨에 성공했을 때, 레벨 카드의 아래쪽에 적혀있는 카드 1장을 보상으로 받습니다.
4. 수리검 카드는 최대 3장, 생명 카드는 최대 5장을 가지고 있을 수 있습니다.
5. 만약 생명 카드 5장을 가지고 있음에도 보상으로 또 생명 카드를 받게 될 때는 보상을 받지 못합니다.
6. 앞 단계와 똑같이 계속해서 레벨에 도전합니다.

⑤ 카드를 잘못 놓았을 때

1. 게임을 플레이하다 다른 플레이어가 자신이 가진 카드보다 더 높은 숫자의 카드를 놓았을 경우 그 즉시 게임을 중지시킨 후, 생명 카드 1장을 버립니다.
2. 모든 플레이어는 방금 놓인 카드보다 낮은 숫자를 가지고 있다면 낮은 숫자가 적힌 카드를 모두 버립니다.
3. 도전을 계속 진행합니다.

⑥ 수리검 카드 사용

1. 수리검 카드는 누구든지 사용을 제안할 수 있으며, 모든 플레이어가 수리검 카드를 사용하는 데 동의하면, 수리검 카드 1장을 버립니다.
2. 그 후 각자가 가진 카드 중 가장 숫자가 낮은 카드를 1장씩 앞면으로 보여준 후, 해당 카드를 버립니다.
3. 도전을 계속합니다.
4. 모든 레벨의 도전에 성공하면 승리합니다.
5. 생명 카드를 도전 중에 모두 잃은 경우, 마지막 생명 카드가 버려지는 즉시 패배로 게임이 종료됩니다.

수업에 도움이 되는 이야기

난이도 조절 방법

- 아이들이 해당 게임을 처음 플레이할 때, 협력을 어려워하는 경우가 있습니다. 그럴 때는 아래의 두 가지 방법처럼 게임 방법을 변형하여 난이도를 조절할 수 있습니다.

  1) 숫자 카드의 범위 조절

     숫자 카드의 범위를 점점 넓혀가면서 게임을 연습할 수 있습니다. 처음에는 1~10까지의 숫자 카드를 쓰다가 점점 익숙해지면 1~50, 그 후에는 1~ 100까지 숫자 카드의 범위를 점점 넓혀가며 연습하면 아이들도 게임에 익숙해질 뿐만 아니라 게임을 하는 요령을 익혀 어느 정도의 연습 후에는 원활하게 게임을 진행할 수 있습니다.

  2) 생명 카드, 수리검 카드의 수 조절

다양한 수업 활용 주제 예시

- 수학 1학년 - 1~9까지의 수

  ↳ 숫자 카드: 1~9, 레벨 1~2

- 수학 1학년 - 50까지의 수의 크기 비교

  ↳ 숫자 카드: 1~50, 레벨 1~6

- 수학 1학년 - 1~100까지의 수

  ↳ 숫자 카드: 1~100, 레벨 1~12

- 수학 2학년 - 수의 크기 비교

  ↳ 숫자 카드: 1~100, 레벨 1~12

교육적 효과

- 모든 플레이어가 함께 목표를 달성해야 하므로 협력을 강화할 수 있습니다.
- 각자 손에 있는 카드를 정확한 순서로 놓아야 하고 그 과정에서 수리검 카드를 쓸지 논의해야 하기에 공동의 목표 달성에 필요한 소통 능력을 향상시킬 수 있습니다.
- 각자가 가진 카드를 순서대로 놓기 위해 다른 플레이어들의 행동을 예측하고 이해하는 능력이 필요하며 이는 전략적 사고를 강화하는 데 도움을 줍니다.
- 다른 플레이어들이 놓는 카드를 지속해서 관찰해야 하기에 집중력과 주의력을 향상시킬 수 있습니다.
- 함께 힘을 합쳐 목표를 달성하지만 때로는 목표 달성에 실패할 수도 있습니다. 이는 실패에 대한 수용력을 키우는 데 도움을 줄 수 있습니다.

힘을 합해서 8층까지 쌓아보자!

도토리산

국어 | 수학 | 사회 | 과학 | 영어 | 음악 | 미술 | 체육 | 도덕 | 실과 | 창체

카드 42장
(0~5 숫자 카드 각 7장)

추가 카드
(6 숫자 카드 7장, ★카드 1장)

게임 방법

1 게임 준비

1. 추가 카드를 제외한 0부터 5까지, 42장의 숫자 카드를 뒷면으로 잘 섞은 뒤, 모두 5장씩 나눠 받습니다.

2. 남은 카드는 테이블의 가운데에 뒷면으로 더미를 만들어 놓습니다.

3. 나눠 받은 5장의 카드를 확인합니다.

☆ 다른 사람에게 자기 손에 있는 카드에 대한 정보를 절대 보여주거나 알려줘서는 안 돼요.

2 게임 진행 (1)

시작 플레이어

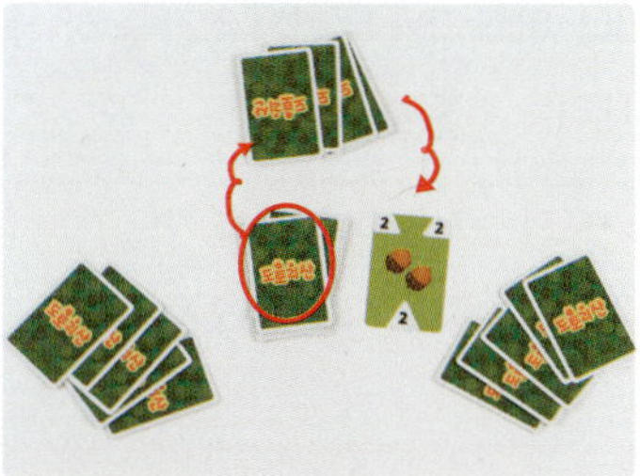

1. 시작 플레이어를 정합니다. 시작 플레이어부터 시작해 시계 방향 순서대로 플레이합니다.
2. 자신의 손에 든 카드 중 1장을 선택해 테이블의 가운데에 앞면으로 내려둡니다.
3. 처음 각 플레이어에게 5장씩 카드를 나누어주고 남은 카드가 있다면 카드 더미에서 카드 1장을 뽑아, 내 손에 있는 카드가 다시 5장이 되도록 계속해서 카드를 추가합니다.

☆ 남아 있는 카드 더미가 없는 경우, 카드를 추가하지 않고 계속 게임을 진행하면 돼요.

3 게임 진행 (2)

1) 두 번째 플레이어

2) 세 번째 플레이어

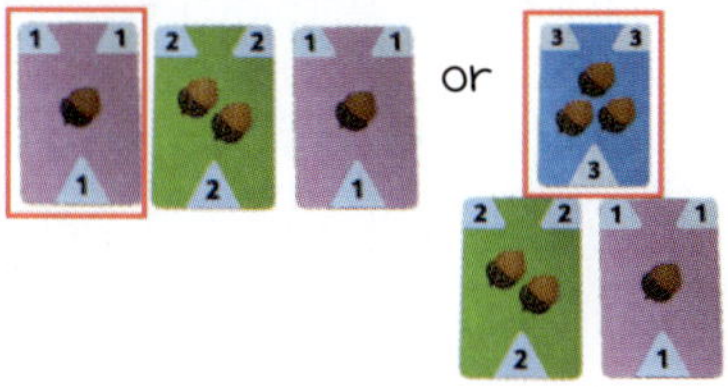

1층에 카드 내려놓기

1. 첫 번째 플레이어가 카드를 한 장 골라 앞면으로 내려놓습니다. 이때 첫 번째 플레이어가 놓은 카드는 도토리산의 가장 아래 층(1층)에 놓인 카드가 됩니다.
2. 두 번째 플레이어는 첫 번째 플레이어가 제일 처음 내려둔 카드의 왼쪽이나 오른쪽 중 한쪽을 골라 나란히 붙여서 놓습니다.
3. 세 번째 이후의 플레이어는 1층에 놓여 있는 카드의 왼쪽이나 오른쪽 혹은 위층 중 하나를 골라 카드를 놓을 수 있습니다.

☆ 이미 놓여 있는 카드 사이에는 카드를 놓을 수 없어요.

☆ 1층에는 최대 8장까지의 카드만 놓을 수 있어요.

④ 게임 진행 (3)

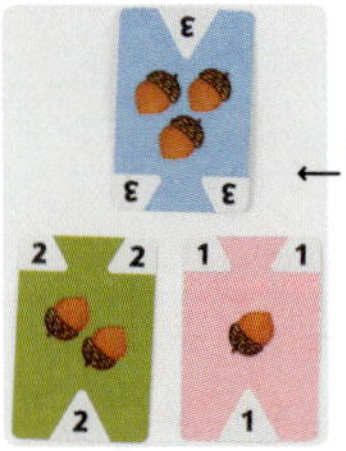

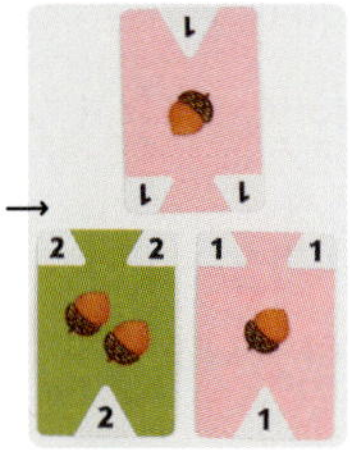

▶ 2층 이상의 층수에 카드 내려놓기

1. 위층에 카드를 놓을 때는 아래층에 놓인 두 카드 사이에 카드를 내려두어야 합니다. 이때 다음 두 가지 조건 중 하나를 충족하는 숫자 카드만 내려둘 수 있습니다.

   ① 아래층에 놓인 두 카드의 숫자를 더한 숫자 카드

   ② 아래층에 놓인 두 카드의 숫자를 서로 뺀 숫자 카드

⑤ 카드를 내려놓을 수 없는 경우

1. 자신의 차례가 왔을 때, 내려놓을 수 있는 카드가 단 1장도 없는 경우, 손에 든 카드 전부를 다른 사람들이 볼 수 없도록 자신의 앞에 뒷면으로 놓고 게임에서 탈락합니다.
2. 나머지 플레이어들은 계속 게임을 진행합니다.
3. 8층의 피라미드 모양 도토리산이 완성되었다면 게임에 참가한 플레이어는 모두 승리하게 됩니다.
4. 8층의 도토리산이 완성되기 전에 모든 플레이어가 탈락하면 게임에 참가한 플레이어는 모두 패배합니다.
5. 게임에서 승리했다면 각자 내려놓지 않은 카드들에 그려진 도토리 수를 전부 더합니다.
6. 남아 있는 도토리가 적을수록 많은 도토리를 뿌린, 좋은 등산입니다.

☆ 아무도 탈락하지 않고 카드를 전부 내려놓아 도토리산을 완성했다면 완전 승리가 돼요.

☆ 점수 기록표를 활용해 기록을 남기며 최고점에 도전할 수 있어요.

수업에 도움이 되는 이야기

난이도 조절 방법

- 아이들이 게임의 기본 규칙에 적응한 것 같아 난이도를 올리고 싶다면 추가 카드를 사용할 수 있습니다.

- 6 숫자 카드 사용

0~5까지의 숫자 카드에 6 숫자 카드를 추가하여 플레이할 수 있습니다. 6 숫자 카드를 추가할 경우, 가장 아래층에 놓을 수 있는 카드 수는 9장이 됩니다. 나머지 6 숫자 카드의 사용 방법은 0~5 숫자 카드와 같습니다.

- ☆ 카드 사용

☆ 카드는 다른 카드와 섞지 않은 채로 카드 더미의 근처에 둡니다. 게임 중 언제든지 모두가 동의한다면 한 플레이어의 차례 직전에 사용해 0~6 사이의 숫자 혹은 7 이상의 숫자 카드로 사용할 수 있습니다.

- 새로운 수의 숫자 카드 제작 후 추가하여 게임 진행

6 숫자 카드 외에 7~9까지의 숫자를 차례로 추가하여 플레이할 수 있습니다. 다만, 새로운 숫자를 추가할 때 추가하려는 숫자 카드의 수가 7장이 되도록 해야 하며 특정 숫자를 추가하려면 그 이전의 숫자까지 모두 추가하여 게임을 플레이해야 합니다.

예 8 숫자 카드 추가 시 0~7까지의 숫자 카드 모두 포함하여 플레이해야 합니다.

다양한 수업 활용 주제 예시

- 수학 1학년 - 가르기와 모으기

  ↳ 0~5까지의 숫자 카드 사용

- 수학 1학년 - 받아 올림이 없는 덧셈, 받아 내림이 없는 뺄셈

  ↳ 0~5까지의 숫자 카드 사용, 추가 카드 사용

- 수학 2학년 - 받아 올림이 있는 덧셈
  - ↳ 0~5까지의 숫자 카드 사용, 추가 카드 사용
- 영어 3학년 - 여러 가지 숫자 표현
  - ↳ 0~5까지의 숫자 카드 사용, 추가 카드 사용

교육적 효과

- 자신의 숫자 카드를 효율적으로 관리하고 적당한 숫자 카드를 골라 알맞은 위치에 둬야 합니다. 이는 자신의 차례에서 낼 숫자 카드를 신중하게 결정하고 상대방의 선택을 예측하며 전략을 세우는 과정이 필요합니다. 이를 통해 전략적 사고를 기를 수 있습니다.
- 게임을 플레이하는 모든 과정에서 연산이 들어갈 뿐만 아니라 게임이 끝나고 점수를 계산할 때도 계산 과정이 필요합니다. 이는 수학적 사고력을 향상시킬 수 있습니다.
- 함께 협력해야 하는 게임으로 서로 의사소통하며 공동의 목표를 달성하는 과정에서 대인 관계 능력도 향상될 수 있습니다.
- 숫자 카드라는 자원을 관리하기 위해 어떤 숫자 카드가 게임의 흐름에 유리한지 그 우선순위를 정하고 카드를 선택하는 과정에서 비판적 사고력을 증진시킬 수 있습니다.

숫자 카드로 수감각 익히기!

독수리 눈치싸움

국어 | 수학 | 사회 | 과학 | 영어 | 음악 | 미술 | 체육 | 도덕 | 실과 | 창체

숫자카드(색깔별로 1~15)

점수카드(-5 ~ +10)

게임 방법

1 게임 준비

▶ 게임목적: 마이너스 점수 카드는 적게 받고 플러스 점수카드는 많이 획득하기!

1. 각자 색깔을 고른 뒤 색깔에 해당하는 숫자카드 15장을 가져갑니다. (1~15)

2. 점수 카드를 뒷면으로 섞어 카드 중앙에 더미를 만듭니다.

3. 맨 위 카드 한 장을 뒤집어 게임을 시작합니다.

☆ 모둠원은 2~5명까지 가능해요!

☆ 미어캣 그림은 플러스 점수, 독수리 그림은 마이너스 점수에요!

② 게임 진행

1. 점수 카드를 보고 각자 낼 숫자 카드를 정하여 뒷면으로 냅니다.

2. 모두 내면, 카드를 동시에 공개하고 점수 카드를 가져갑니다.

점수 카드 획득

미어캣 카드(+): 가장 높은 숫자를 낸 사람이 획득

독수리 카드(-): 가장 낮은 숫자를 낸 사람이 획득

※ 같은 숫자의 카드들이 나온 경우, 같은 숫자들은 제외 후 그중에서 가장 높은 숫자(+ 경우) 또는 가장 낮은 숫자(- 경우)를 낸 사람이 획득합니다.

☆ 감점을 피하려면 높은 숫자 카드를 아껴두어야 해요! 이 점수 카드에는 어떤 수를 내면 적당할까? 고민하는 과정에서 수의 양감을 인식하고 수감각을 키울 수 있어요!

③ 점수 계산

점수: 4+10-1-5= 8점

1. 카드 더미의 카드가 모두 없어지면 게임이 종료됩니다. (총 15라운드)

2. 각자 획득한 점수 카드를 모두 더해 점수를 계산합니다.

3. 점수가 가장 높은 사람이 승리합니다.

수업에 도움이 되는 이야기

영어 카드 만들기

- 빈 카드를 준비한 후, 숫자 대신 요일 카드를 만들어 게임에 활용할 수 있습니다.
- 이때 요일은 위계관계가 없으므로 '월요일 < 일요일' 등 미리 위계를 정하여 게임을 합니다.
- 난이도를 높일 때는, 월과 일을 함께 카드에 적어 활용할 수 있습니다.

  예) 6학년 영어 When Is the Club Festival?

  예) April third

- 빈 카드를 준비한 후, 숫자 대신 기수와 서수 카드를 만들어 게임에 활용할 수 있습니다.

  예) 6학년 영어 What Grade Are You In?

빈 카드 양식을 바로 내려받을 수 있는 QR 코드 →

※ 두꺼운 A4 종이에 양면 인쇄하는 것을 추천합니다.

다양한 수업 활용 주제 예시

- 수학 1학년 - 50까지의 수

  ↳ 수의 크기 비교하기 - 수의 양감 익히기

- 수학 2학년 - 덧셈과 뺄셈

  ↳ 받아 올림이 있는 덧셈과 받아 내림이 있는 뺄셈 하기 - 점수 계산하기

- 수학 5학년 - 평균과 가능성

  ↳ 남은 숫자 카드의 가능성 소거하며 예상하고 전략 짜기

교육적 효과

- 수학적 사고와 계산 능력을 키울 수 있습니다. 카드의 수를 관리하고 점수를 계산하는 능력을 필요로 합니다. 학생들은 카드의 점수를 더하거나 빼는 과정에서 수학적 사고력을 발전시킬 수 있습니다.
- 어떤 동물 카드를 선택할지, 언제 독수리 카드를 피할지에 대한 전략적 판단이 필요합니다. 학생들은 상황을 분석하고 최선의 결정을 내리는 상황판단력을 기를 수 있습니다.
- 눈치를 보며 판단하고 상대방의 전략을 읽는 능력을 키우는 데 도움을 줍니다. 학생들은 상황에 맞게 다른 친구들과의 의사소통을 통해 사회적 상호작용 능력을 기를 수 있습니다.
- 규칙을 숙지하고, 상황을 계속 주시하며 집중력을 기를 수 있습니다. 학생들은 게임을 통해 규칙을 이해하고 적용하는 능력을 향상시킬 수 있습니다.

손에 든 카드를 눈치껏 없애라!

라마

국어 | **수학** | 사회 | 과학 | 영어 | 음악 | 미술 | 체육 | 도덕 | 실과 | 창체

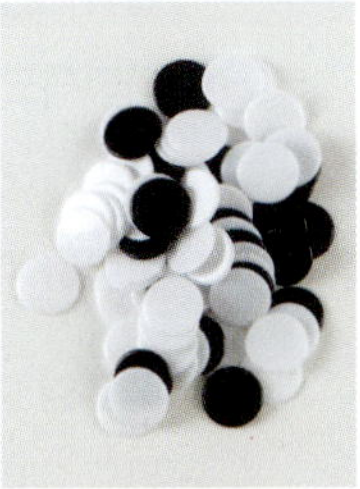

감점 토큰
(흰색 1점, 검은색 10점)

숫자 및 라마 카드

게임 방법

1 게임 준비

1. 카드를 전부 섞어 각자 6장씩 나눠 갖습니다.

2. 남은 카드를 한데 모아 쌓고, 맨 윗장을 앞면으로 공개합니다.

3. 감점 토큰은 한쪽에 모아둡니다.

☆ 카드 순서 기억하기!

1 → 2 → 3 → ... → 6 → 라마 → 1 → 2 → ...

❷ 게임 진행

1. 게임은 시계방향으로 진행하고 차례가 되면 다음 세 가지 행동 중 하나를 합니다.

   1) 카드 1장 내기
      - 마지막으로 버려진 카드와 같거나 1 높은 카드를 낼 수 있습니다.
      - 마지막으로 버려진 카드 예시
6일 때: 6 또는 라마 카드
라마일 때: 라마 또는 1 카드

   2) 카드 1장 뽑기
      - 카드 더미에서 1장 가져오기

   3) 라운드에서 빠지기
      - 카드를 낼 수 없거나 1), 2) 행동을 하고 싶지 않을 경우 라운드에서 빠질 수 있습니다.
      - 손에 든 카드들을 자신 앞에 뒷면으로 내려놓으며 빠집니다.

2. 한 플레이어가 손에 든 모든 카드를 내려놓거나 모든 플레이어가 현재 라운드에서 빠질 경우 라운드가 종료됩니다.

☆ 카드 더미가 바닥나거나 플레이어 혼자 남은 경우 2) 행동은 할 수 없어요.

③ 게임 진행(점수 계산)

1. 라운드 종료 후 자신이 가진 숫자 카드에 적힌 숫자만큼 감점됩니다.

   1) 라마 카드는 10점 감점!

   2) 같은 종류의 카드는 라운드마다 1번만 감점
      - 예) 2카드 2장 보유 → 2점만 감점

2. 만약 손에 든 카드를 전부 다 냈다면 감점 토큰 1개를 반납할 수 있습니다.

☆ **감점 토큰 반납 시 색깔 상관없이 원하는 토큰 1개를 반납할 수 있어요.**

④ 게임 종료

1. 같은 방식으로 새 라운드를 진행하고, 가장 마지막에 카드를 냈던 플레이어부터 시작합니다.

2. 누군가 40점 이상 감점을 받으면 게임이 종료되고 그때 감점이 가장 적은 사람이 승리합니다.

수업에 도움이 되는 이야기

카드 변형: 숫자 → 음표/쉼표

예 3학년 음악 '음표의 길이' 학습 후 복습 활동

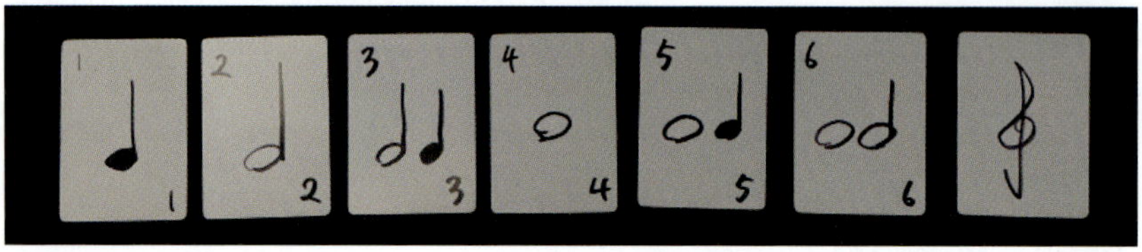

- 1→ 4분음표, 2→ 2분음표, 3→ 2분음표+4분음표, 4→온음표, 5→온음표+4분음표, 6→온음표+2분음표, 라마→높은음자리표
- 모둠별로 빈 카드 양식을 활용해 직접 음표와 숫자를 적으면서 음표의 길이에 대한 감각을 기를 수 있도록 합니다.
- 기존 규칙과 동일하게 게임을 진행합니다.

카드 변형: 숫자 → 역사적 사건

예 6학년 사회 '우리나라의 정치 발전' 학습 후 복습 활동

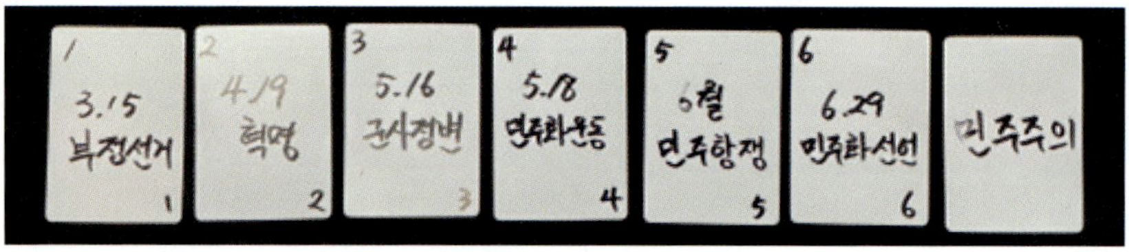

- 1→3 · 15 부정선거, 2→4 · 19혁명, 3→5 · 16 군사정변, 4→5 · 18 민주화운동, 5→6월 민주항쟁, 6→6 · 29 민주화 선언, 라마→민주주의
- 모둠별로 빈 카드 양식 활용해 역사적 사건을 순서대로 정리하며 자기주도적 학습이 되도록 합니다.
- 변형 카드 만드는 방법
  1) 1~6, 라마 그림이 그려진 틀을 활용하여 가운데 내용 부분만 학생들이 제작하는 방법
  2) 전체 빈 카드 틀을 활용하여 학생들이 자유롭게 제작하는 방법

빈 카드 양식을 바로 내려받을 수 있는 QR 코드 →

※ 두꺼운 A4 종이에 인쇄하는 것을 추천합니다.

다양한 수업 활용 주제 예시

- 수학 1학년 - 수의 순서를 알아볼까요?
- 사회 5~6학년 - 역사적 사건 순서
  - ↳ 역사 관련 단원에서 역사적 사건 순서 복습 활동으로 활용 가능
- 사회 3~6학년 - 음표/쉼표의 길이
  - ↳ 온음표, 2분음표, 4분음표, 온쉼표, 2분쉼표, 4분쉼표

교육적 효과

- 자신이 가지고 있는 카드를 최적으로 배치하기 위해 전략을 세워야 합니다. 이를 통해 논리적 사고와 문제 해결 능력을 키울 수 있습니다.
- 상대방의 행동과 게임의 진행 상황을 기억해야 하기 때문에 기억력과 집중력을 향상시킬 수 있습니다.
- 플레이어들 간의 대화와 상호작용을 촉진하며 이 과정에서 의사소통 능력과 협업 능력을 기를 수 있습니다.
- '1 → … → 6 → 라마'의 반복되는 규칙을 활용하여 순서 또는 계열성이 있는 학습 주제의 게임을 즐기면서 자연스레 체득할 수 있습니다.

친구와 협동하며 공간감각 깨우기!

라보카

국어 | 수학 | 사회 | 과학 | 영어 | 음악 | 미술 | 체육 | 도덕 | 실과 | 창체

게임판 및 타이머

블록

빨간 블록

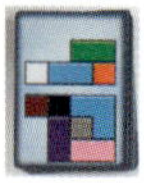
밝은 카드

어두운 카드

게임 방법

① 게임 준비

1. 두 명씩 짝을 짓고 마주 보도록 앉습니다. 모둠은 4명으로 구성합니다.
2. 밝은 카드(쉬운 버전)를 섞은 뒤, 한 장을 꺼내 판에 끼워 게임을 시작합니다.
3. 카드의 양면은 서로 다르므로 짝은 자신의 방향에서 보이는 그림을 보며 블록을 쌓습니다.

※ 이때, 짝과 의사소통하며 블록을 수정합니다.

☆ 짝은 잘하는 학생과 어려워하는 학생을 함께 구성해요.
☆ 밝은 카드(쉬운 버전)를 사용할 때는 빨간 블록을 빼요.

② 게임 규칙

▶ 블록 쌓기 규칙

1. 주어진 블록을 모두 사용해야 합니다.
2. 4×4칸 안에서만 쌓을 수 있습니다.
3. 중간에 비어 있는 공간이 생길 수는 있지만, 블록이 공중에 떠 있으면 안 됩니다.
4. 상대방의 카드를 볼 수 없습니다.

※ 어두운 카드(어려운 버전)를 사용할 때는 빨간 블록을 포함하여 쌓습니다.

③ 게임 종료

1. 모둠의 나머지 두 명은 타이머로 시간을 재고 건물을 다 완성하면 "스탑"이라고 외칩니다.
2. 나머지 두 명은 스탑을 외친 친구들이 카드와 똑같이 쌓았는지 확인한 후 점수를 줍니다. 짝끼리 역할을 바꾸어 다시 게임을 진행합니다.

☆ 밝은 카드에 익숙해지면 어두운 카드(어려운 버전)도 같은 방법으로 진행해요.

④ 점수 배점

제한 시간 1분 30초 이내에
정확한 건물 짓기에 성공 시,
2명 모두 +2점을 얻습니다.
1분 이내에 성공 시,
보너스 점수 +1점을 더해 +3점
끝까지 포기하지 않고 성공하면
끈기 점수 +1점

1. 개인 점수를 합하여 모둠 점수가 가장 높은 모둠이 승리합니다.
2. 모둠에서 소통을 가장 잘한 소통왕을 뽑아 잘한 점과 전략을 이야기 나누고 서로를 격려합니다.

☆ 점수에 연연하기보다 함께 협동하여 목표를 함께 달성하는 데 초점을 두도록 해요!

수업에 도움이 되는 이야기

게임창작자가 되어 카드 만들기

- 게임의 순서와 반대로 먼저 블록으로 원하는 건물을 쌓은 뒤, 빈 모눈 카드에 앞, 뒤 평면도를 색칠하여 카드를 완성을 합니다. 다른 모둠과 만든 카드를 바꾸어 게임을 진행합니다.
- 이때, 게임을 한 사람이 점수를 얻을 경우 출제자도 보너스 점수를 주어 출제자가 문제를 열심히 만들 수 있는 동기를 제공합니다.

  예 창체 전 학년 진로활동

※ 다음의 QR 코드 링크에서 다운받은 모눈 카드의 하트와 하트, 별과 별 모양이 만나게 하여 양면으로 붙입니다.

※ 위 아래 같은 종류의 색상 도구를 사용하고 검정, 회색, 흰색을 반드시 구분합니다. 예를 들어, 색상이 없을 시에는 글자로 흰, 검, 회색이라고 씁니다.

모눈 카드 및 모둠 대항 점수표 활동지를 바로 내려받을 수 있는 QR 코드 →

※ 두꺼운 A4 종이에 인쇄하는 것을 추천합니다.

라 보카 골든벨 점수

( )모둠

모둠원 이름	( )모둠		( )모둠		( )모둠		( )모둠		합계	모둠 점수	모둠 최종 점수

*모둠 점수는 문제를 푼 모둠 수가 점수가 됩니다.(예- 3모둠의 문제를 품 -〉 3점)

*모둠 점수는 우리 모둠 전체 점수(개별 아님)

★1분 30초 이하: 2점, 1분 이하: 보너스 +1점, 1분 30초 초과: 1점(포기NO)

게임에 익숙해지면, 수준별로 팀을 짜 게임을 진행하여 최종 우승팀을 뽑는 학급 라보카 토너먼트 대회를 진행할 수 있습니다.

교육적 효과

- 의사소통 능력과 협력 능력을 키우는 데 도움이 됩니다. 모둠 친구들이 서로 다른 카드를 통해 같은 모양의 블록을 쌓기 위해 의사소통하고 협력해야 하는 과정을 경험합니다. 이때, 학생들은 상호작용하며 아이디어를 교환하고, 모둠원과의 협력을 통해 문제를 해결하는 방법을 배우게 됩니다.

- 블록을 쌓아나가는 과정에서는 공간 지각 능력과 논리적 사고력을 키우는 데 도움을 줍니다. 학생들은 블록의 모양과 배치를 신중히 고려하여 효율적으로 작업을 수행하고, 문제 해결 능력을 키울 수 있습니다.

- 모둠원들이 자유롭게 블록을 조합하고 창의적인 접근으로 문제를 해결할 수 있는 기회를 제공합니다. 학생들은 자신만의 방법으로 블록을 쌓아가며 창의성을 발휘하고, 다양한 문제 해결 능력을 발전시킬 수 있습니다.

- 다른 모양과 색깔의 블록 패턴을 인식하고 이를 통해 수학적 사고력을 강화하는 기회를 제공합니다. 학생들은 블록의 형태와 구성을 분석하며 패턴을 발견하고, 수학적 능력을 향상시킬 수 있습니다.

주사위를 활용한 전략 베팅 게임!

라스베가스

국어 | 수학 | 사회 | 과학 | 영어 | 음악 | 미술 | 체육 | 도덕 | 실과 | 창체

주사위 눈이 표시된 카지노 6개

돈카드 54장
(1만~9만 달러)

시작 플레이어
카드 1장

주사위 40개(색상별로 8개씩)

게임 방법

1 게임 준비

1. 한 모둠은 3~5명으로 구성합니다.
2. 각자 자신이 원하는 색깔을 정하고 해당 주사위 8개를 가져갑니다.
3. 6개의 카지노 카드를 순서대로 놓습니다.
4. 섞어둔 돈 카드를 뒤집어 카지노마다 1장씩 내려놓습니다.
(카지노당 5만불 이상이 될 때까지)
5. 시작 플레이어 카드를 받은 사람부터 시계방향으로 진행합니다.

☆ 모둠 구성원 수가 많을수록 더 흥미진진한 게임을 즐길 수 있어요!

② 게임 진행

1. 자기 차례가 되면 가지고 있는 주사위를 모두 굴립니다.
2. 나온 주사위 눈 중 하나를 골라 그 눈에 해당하는 모든 주사위를 같은 숫자의 카지노로 옮깁니다.
3. 이 과정을 순서대로 돌아가며 반복합니다.
(남은 주사위가 없는 사람은 차례 패스)

☆ **라운드 정산 시 효과적으로 돈카드를 획득할 수 있도록 다른 사람들이 카지노 위에 올려둔 주사위 위치와 수를 잘 확인해야 해요.**

③ 게임 종료

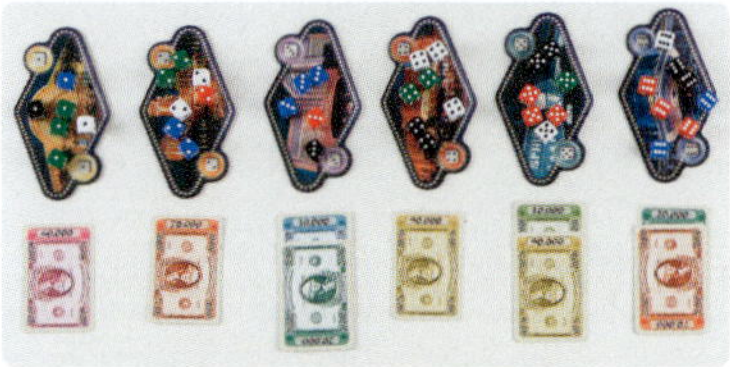

1. 한 카지노 안에서 2명 이상이 같은 개수의 주사위를 놓았다면 해당 사람들은 해당 카지노 속 자신의 모든 주사위를 회수합니다.
2. 회수 후 카지노에 가장 많은 주사위를 놓은 사람이 해당 카지노에 있는 가장 높은 액수의 돈 카드를 가져갑니다.
3. 정산이 끝난 후 카지노에 남아있는 모든 주사위는 회수합니다.
4. 정산 후 남은 돈 카드가 있다면 돈 카드 더미 맨 아래에 넣습니다.
5. 여기까지가 한 라운드 진행이고 3~4라운드 진행 후 그동안 모은 돈 카드를 결산하여 가장 높은 금액을 갖고 있는 사람이 승리합니다.

☆ **각자 보유한 돈 카드는 뒤집어서 한 더미로 보관해요.**

수업에 도움이 되는 이야기

예 도덕 5학년 - 바르고 희망차게 가꾸어 가는 나의 삶

↳ 우리 반 가치 덕목 6개를 정한 후 카지노 대신 활용합니다.

▶ 화폐, 카지노 카드 만드는 방법

1) □□은행 → 학급 이름이나 수업 주제에 맞게 변경합니다.

2) 화폐 수와 금액은 필요에 맞게 수정 가능합니다.

화폐, 카지노 카드 양식을 바로 내려 받을 수 있는 QR 코드 →

※ 두꺼운 A4 사이즈의 종이에 단면인쇄 하는 것을 추천합니다.

예 사회&미술

↳ 4학년 사회 - 우리 지역의 문화유산을 소개해 볼까요?
- 우리 지역의 역사적 인물을 소개해 볼까요?

〈우리 지역 문화유산 카드 그리기〉

〈우리 지역 역사적 인물 화폐 만들기〉

〈문화유산 카드, 역사적 인물 화폐 만들기 활동 후 게임 진행 모습〉

↳ 6학년 사회 세계의 여러 나라들

(카지노 카드 → 각 대륙별 · 나라별 특징이 나타나는 모습 그리기,
화폐 → 각 대륙별 · 나라별 화폐 조사하기, 그리기 등 활동과 연계하여 활용)

▶ 라스베가스 보드게임 플레이어 수 늘리기

↳ 기존 보드게임에 제공된 주사위와 다른 색 주사위 8개 세트를 추가로 준비하면 더 많은 인원이 함께 게임에 참여할 수 있어요!

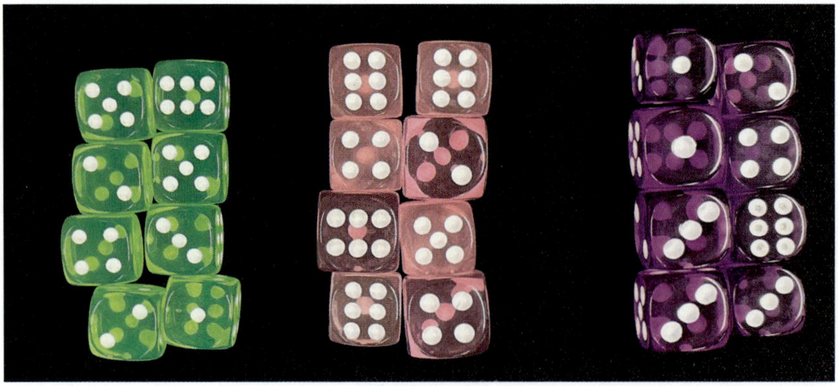

다양한 수업 활용 주제 예시

- 도덕 5학년 - 바르고 희망차게 가꾸어 가는 나의 삶
  - 배려, 책임, 정직, 소통, 끈기, 도전
- 사회 4학년 - 우리 지역의 문화유산, 역사적 인물
  - 석굴암, 안압지, 무령왕릉, 신돌석
- 사회 6학년 - 세계의 여러 나라들
  - 유럽, 아시아, 북아메리카, 미국, 대한민국, 파리, 영국, 스위스

교육적 효과

- 주사위라는 운적인 요소를 토대로 다양한 경우의 수 속에 나만의 효과적인 전략과 절차적 사고를 활용하여 승리하는 게임입니다.
- 학생들은 게임 중 자기 자신을 포함한 여러 플레이어들에게 남아있는 주사위의 다양한 경우의 수를 비교 선택해 보며, 이를 통해 사고력과 합리적 의사결정 능력을 기를 수 있습니다.
- 특히 지역화 주제와 관련하여 나만의 라스베가스 보드게임을 직접 제작하고 플레이 해보며 우리 지역의 문화유산과 역사적 인물을 자연스럽게 습득할 수 있는 효과적인 학습의 기회를 제공합니다.

내 행운은 내가 만든다!

럭키넘버스!

국어 | 수학 | 사회 | 과학 | 영어 | 음악 | 미술 | 체육 | 도덕 | 실과 | 창체

게임보드 4장

클로버타일 20개씩 4세트

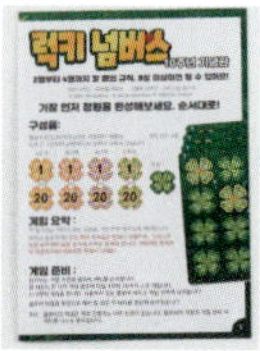
규칙서

1인도전 룰

게임 방법

1 게임 준비

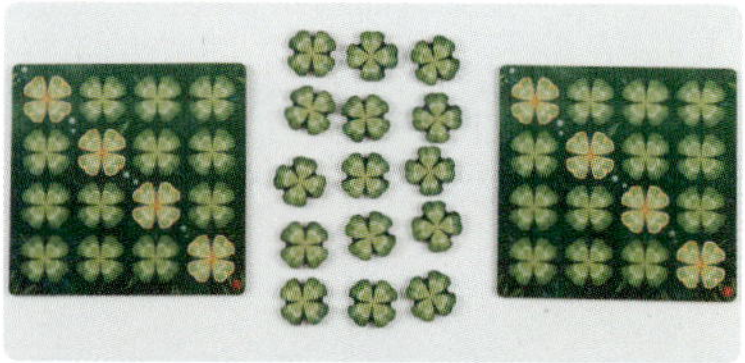

1. 게임 인원 수에 맞게 클로버 타일 세트를 사용합니다. 사용하지 않는 세트는 집어 넣어주세요.
(색이 같은 클로버끼리 한 세트입니다.)
(1명: 20개씩 1세트, 2명: 20개씩 2세트
3명: 20개씩 3세트, 4명: 20개씩 4세트)

2. 사용하는 타일 세트는 섞은 후 플레이어들 중앙에 숫자가 보이지 않게 섞은 후 뒤집어 둡니다.

3. 게임보드를 각자 자기 앞에 내려놓습니다.
(무당벌레 그림이 오른쪽 아래에 오도록 놓습니다.)

4. 모든 플레이어들은 타일 4개를 뽑아 자기 게임보드에 ↘ 방향 오름차순으로 타일을 놓습니다.

5. 가위바위보를 통해 시작 플레이어와 진행 방향을 정합니다.

★ 교실에 천주머니가 있으면 주머니에 타일을 넣어서 뽑는 방식으로도 진행 가능해요.

★ 연속되는 숫자가 아니어도 점점 크기가 커지면 괜찮다고 오름차순의 개념을 저학년 학생에게는 충분히 이해시켜주세요.

★ 4번 과정에서 같은 숫자의 두 타일이 나오면 두 숫자 타일은 누가 앞에 나오든 뒤에 나오든 상관없습니다.

② 게임 진행

1. 자기 순서가 되면 아래 두 가지 행동 중 하나를 골라 시행합니다.

(1) 뒷면으로 놓인 클로버 가져오기

↳ 가져간 클로버는 전체 공개 후 자기 보드 위 한 군데에 놓습니다. 이때 보드의 모든 →, ↓ 방향으로 오름차순이 되도록 놓아야 합니다. 비어있는 칸에 넣어도 되지만 이미 클로버가 올라가 있는 곳에 올릴 수도 있는데 이때는 기존에 있던 클로버를 앞면이 보이도록 중앙에 뒤집힌 타일들 더미에 반납해야 합니다.

(2) 앞면으로 놓인 클로버 가져오기

ㄴ 중앙에 공개되어 있는 앞면으로 놓인 타일을 가져와서 자기 게임 보드에 올립니다.

2. 클로버를 놓을 수 없거나 놓기 싫다면 클로버 타일을 공개한 채 (앞면으로) 다시 테이블 가운데에 놓습니다.

★ 게임보드에 타일을 올릴 때마다 학생들이 다 같이 오름차순이 맞는지 검증하도록 하는 게 효과적이에요. 클로버 타일을 놓고 나서 게임을 한참 진행하다가 나중에 문득 보니 오름차순이 아니게 놓아버린 경우가 발생할 수 있어요.

③ 게임 종료

1. 자기 게임보드의 모든 →, ↓ 방향으로 오름차순이 되도록 완성한 사람이 나타났을 때 게임이 종료됩니다.

2. 완성한 사람이 없더라도 누군가가 마지막 뒷면 클로버를 가져갔다면 그 즉시 게임이 종료됩니다. 이 경우 게임 보드 위의 빈칸이 제일 적은 사람이 승리!

☆ **다른 사람의 게임보드를 살펴보면서 게임이 곧 끝날 것 같으면 최대한 빈칸을 채우는 플레이가 필요해요.**

④ 1인 플레이 룰 (10주년 기념판)

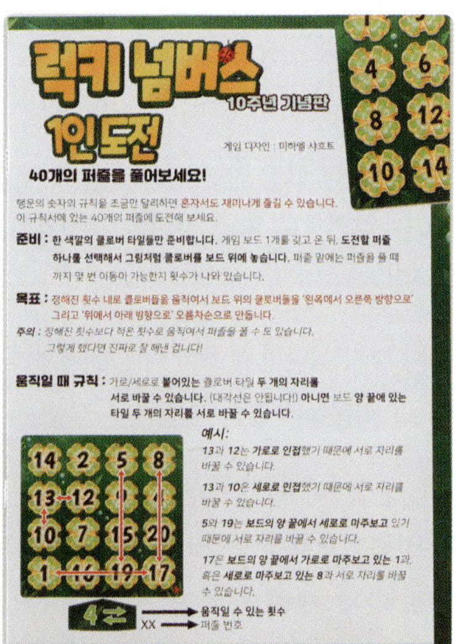
럭키 넘버스 10주년 기념판
1인도전
게임 디자인 : 미하엘 샤흐트
40개의 퍼즐을 풀어보세요!
행운의 숫자의 규칙을 조금만 달리하면 혼자서도 재미나게 즐길 수 있습니다.
이 규칙서에 있는 40개의 퍼즐에 도전해 보세요.
준비 : 한 색깔의 클로버 타일들만 준비합니다. 게임 보드 1개를 갖고 온 뒤, **도전할 퍼즐 하나를 선택해서 그림처럼 클로버를 보드 위에 놓습니다.** 퍼즐 밑에는 퍼즐을 풀 때까지 몇 번 이동이 가능한지 횟수가 나와 있습니다.
목표 : 정해진 횟수 내로 클로버들을 움직여서 보드 위의 클로버들을 '왼쪽에서 오른쪽 방향으로' 그리고 '위에서 아래 방향으로' 오름차순으로 만듭니다.
주의 : 정해진 횟수보다 적은 횟수로 움직여서 퍼즐을 풀 수 도 있습니다. 그렇게 했다면 진짜로 잘 해낸 겁니다!
움직일 때 규칙 : 가로/세로로 **붙어있는** 클로버 타일 **두 개의 자리를 서로 바꿀 수 있습니다.** (대각선은 안됩니다!) **아니면** 보드 **양 끝에 있는 타일 두 개의 자리를 서로 바꿀 수 있습니다.**
예시:
13과 12는 **가로로 인접**했기 때문에 서로 자리를 바꿀 수 있습니다.
13과 10은 **세로로 인접**했기 때문에 서로 자리를 바꿀 수 있습니다.
5와 19는 **보드의 양 끝에서 세로로 마주보고** 있기 때문에 서로 자리를 바꿀 수 있습니다.
17은 **보드의 양 끝에서 가로로 마주보고 있는** 1과, 혹은 **세로로 마주보고 있는 8**과 서로 자리를 바꿀 수 있습니다.
움직일 수 있는 횟수
XX 퍼즐 번호

1. 10주년 기념판에는 1인 플레이 룰이 포함되어 있습니다. 보충수업으로 소수의 학생을 지도하는 경우에 1인 룰로 플레이 가능합니다.

2. 가로나 세로 방향으로 인접한 두 타일을 교환할 수 있게 하는 특수 룰을 추가하여 문제 퍼즐을 해결해 볼 수 있습니다.

수업에 도움이 되는 이야기

50까지의 수를 배운 후 크기 비교하기

- 1학년 50까지의 수를 공부하고 숫자의 크기를 비교하는 활동 후 적용 활동으로 활용합니다.
- 실제 수업 적용 사례) 1학년 1학기 수학 50까지의 수
  - 오름차순 개념 설명: 숫자의 크기가 점점 높아지는 배열
  - 오름차순의 예시와 반례 확인: 1, 3, 5, 7 (O)
2, 4, 7, 6 (X)
  - 모둠별로 오름차순 배열 게임으로 설명

게임 규칙 변형

- 오름차순이 익숙해지면 내림차순 규칙으로도 운영 가능합니다.
- 연속 숫자 점수 추가: 가로나 세로 →, ↓방향으로 연속되는 타일을 배치한 경우 추가 점수를 부여합니다. (예 가로 방향 2, 3, 5, 6인 경우 2와 3이 이어지고(+1점) 5와 6이 이어지므로 (+1점) 총점 계산에 +2점 가로 방향 2, 3, 4, 5인 경우 2와 3(+1), 3과 4(+1), 4와 5(+1)로 총점을 계산할 때 3점을 추가합니다.

다양한 수업 활용 주제 예시

- 수학 1학년 - 50까지의 수
  - ↳ 수의 크기 비교하기 - 수를 크기 순서로 배열하기
- 수학 1학년 - 100까지의 수
  - ↳ 수의 크기 비교하기 - 수를 크기 순서로 배열하기
- 수학 4학년 - 규칙 찾기
  - ↳ 수의 배열에서 규칙 찾기

교육적 효과

- 단순한 운 게임이 아니라 전략적 사고가 중요한 요소로 작용합니다. 게임을 성공적으로 플레이하기 위해서는 최적의 숫자를 배치하고 상대방의 움직임을 예측하는 전략이 필요합니다.
    - 계획 수립 능력: 어떤 숫자를 어디에 배치할지 미리 계획하고 결정하는 과정에서 논리적 사고와 문제 해결 능력을 발전시킬 수 있습니다.
    - 결정력과 판단력: 게임 도중 여러 가지 선택지 중 최선의 선택을 하는 능력을 기를 수 있습니다.

- 숫자 배열과 순서를 이해하고 적용해야 하는 게임입니다. 플레이어는 작은 숫자부터 큰 숫자까지의 순서대로 숫자를 배치해야 하며, 이 과정에서 자연스럽게 수학적 사고를 훈련하게 됩니다.
    - 수의 순서와 비교 능력: 숫자를 순서대로 나열하는 규칙을 통해, 플레이어들은 수의 크기와 순서를 비교하는 능력을 키울 수 있습니다.
    - 패턴 인식 능력: 숫자를 적절하게 배치하기 위해 다양한 패턴을 인식하고 예측하는 능력이 길러집니다.

덧셈과 뺄셈, 배수까지 한 번에!

로보77

국어 | 수학 | 사회 | 과학 | 영어 | 음악 | 미술 | 체육 | 도덕 | 실과 | 창체

특수카드

생명칩

숫자카드

게임 방법

1 게임 준비

1. 각자 생명칩 3개와 카드 5장을 받습니다. 남는 카드는 뒷면이 보이게 카드 더미를 만들어 중앙에 놓습니다.

☆ 모둠원은 2~8명까지 가능해요!

☆ 카드는 혼자만 보아요!

② 게임 진행

1. 한 명씩 돌아가며 진행합니다. 5장 중 하나를 내며, 이전 카드의 수와 더한 수를 말합니다.

2. 카드를 낸 후 부족한 카드를 카드 뒷면 더미에서 가져와 5장을 유지합니다. 만약 잊고 못 가져 갔다면 적은 카드 개수로 계속하여 게임을 진행합니다.

이럴 때 칩을 잃어요!

① 더한 수의 합이 틀렸을 때!
② 77 이상의 숫자를 부르게 될 때!
③ 더한 수의 합이 11의 배수일 때!
※ 칩을 다 잃은 후 바로 탈락하지 않아요!
칩이 없는 상태에서 게임을 하다 한 번 더 잃게 될 때 게임에서 탈락합니다.

☆ 카드를 낸 후 꼭 한 장을 더 가져가 항상 5장이 되도록 해요!

③ 특수 카드

0	앞 사람이 부른 숫자를 그대로 부릅니다.
↻	앞 사람이 부른 숫자를 그대로 부릅니다. 게임의 진행 방향이 반대로 바뀝니다.
-10	앞 사람이 부른 숫자에서 10을 뺀 숫자를 부릅니다.
×2	앞 사람이 부른 숫자를 그대로 부릅니다. 다음 차례인 사람은 카드를 2장 내야 합니다.

☆ 특수카드는 만약을 위해 게임의 처음보다는 잘 아껴 두었다가 위기의 상황에서 사용하는 것이 팁!

④ 게임 종료

1. 누군가 카드를 내고 77 이상의 숫자를 부르면 칩 한 개를 잃고 한 라운드가 종료됩니다.

2. 라운드를 시작했던 사람이 다시 카드를 섞은 뒤, 나누어 주고 새로운 라운드를 시작합니다.

3. 마지막까지 칩을 가지고 있는 최후의 한 명이 게임에서 승리합니다.

수업에 도움이 되는 이야기

특수카드 만들기

- 빈 카드를 활용하여 학년에 맞는 연산자 곱하기, 나누기 카드(피제수 선택)를 만들고, 이를 게임에 활용하여 학년에 따른 심화학습을 할 수 있습니다.

  예 3학년 수학 곱셈, 나눗셈

- 빈 카드를 활용하여 약수 말하기, 배수 말하기(개수 조정) 등의 미션 카드를 만들고, 이를 게임에 활용하여 학년에 따른 심화학습을 할 수 있습니다.

  예 5학년 수학 약수와 배수

빈 카드 양식을 바로 내려받을 수 있는 QR 코드 →

※ 두꺼운 A4 종이에 양면 인쇄하는 것을 추천합니다.

다양한 수업 활용 주제 예시

- 수학 1학년 - 100까지의 수
  - 99까지의 수 알기- 단원 정리 게임
- 수학 1학년 - 50까지의 수
  - 수의 크기 비교하기- 수의 양감 익히기

교육적 효과

- 수학적 사고력 발달에 도움을 줍니다. 매번 빠르게 덧셈을 수행해야 하므로, 자연스럽게 덧셈 속도와 정확성이 향상됩니다. 또한, 11의 배수를 즉각적으로 인식하는 능력을 기르게 되어, 수의 패턴과 특성에 대한 이해도가 높아집니다. 77에 가까워지는 과정에서 수 감각이 발달하여, 숫자 간의 관계와 크기를 직관적으로 파악하는 능력을 키울 수 있습니다.
- 복잡한 의사결정 과정을 경험하게 합니다. 자신의 카드를 선택할 때, 단순히 현재 상황만이 아니라 다음 플레이어의 가능한 행동까지 고려해야 합니다. 이는 선제적 사고와 예측 능력을 발달시키며, 장기적인 전략 수립 능력을 향상시킵니다. 게임의 흐름을 읽고 그에 따라 자신의 전략을 조정하는 과정에서 상황 분석력과 적응력도 함께 발달할 수 있습니다.
- 위험 관리와 이익 분석의 개념을 실제로 적용해 볼 수 있는 기회를 제공합니다. 높은 숫자의 카드를 내야 할지, 낮은 숫자의 카드로 안전하게 갈지 결정하는 과정에서 리스크와 보상의 균형을 고려하는 능력이 발달합니다. 또한, 시시각각 변하는 게임 상황에 따라 최적의 선택을 해야 하므로, 빠른 상황 판단력과 결단력이 함께 향상될 수 있습니다.
- 지속적인 주의력을 요구합니다. 다른 플레이어들의 카드 선택과 전략을 주의 깊게 관찰해야 하며, 게임의 전체적인 흐름을 놓치지 않고 파악해야 합니다. 이러한 과정을 통해 선택적 주의 집중력을 키울 수 있습니다.
- 단기 기억력과 작업 기억력을 훈련 시킵니다. 이전에 어떤 카드들이 나왔는지 기억하고 추적하는 과정에서 정보 유지 능력이 향상됩니다. 또한, 게임 규칙을 정확히 이해하고 상황에 맞게 적용하는 과정에서 절차적 기억력과 장기 기억력이 발달하는 데 도움을 줍니다.

뒤집어라! 돌려라! 두뇌 자극 퍼즐 게임!

우봉고

국어 | **수학** | 사회 | 과학 | 영어 | 음악 | 미술 | 체육 | 도덕 | 실과 | 창체

주사위

보석주머니

모래시계

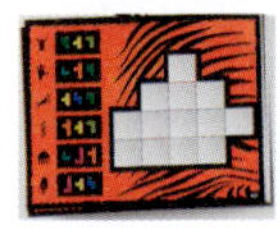
문제 카드

라운드판

퍼즐 조각(4인)

게임 방법

1 게임 준비

1. 한 모둠은 3~4명으로 구성합니다.
2. 각자 퍼즐 조각 1세트씩 받습니다.
3. 라운드판에 보석을 채우고(파란색 보석, 갈색 보석) 남는 보석들은 주머니에 넣습니다.
4. 문제 카드 난이도를 정하고 골고루 섞어 라운드판 옆에 둡니다.
5. 라운드가 시작되면 문제 카드를 1장씩 받습니다.
6. 한 사람이 주사위를 굴리고, 다른 한 사람은 모래시계를 뒤집습니다.

☆ 숙련도에 따라 난이도를 조정할 수 있어요.

예 1라운드에서 가장 늦게 완성한 학생은 2라운드에 쉬운 난이도 문제 카드로 참여하기

❷ 게임 진행

1. 던져진 주사위 그림을 보고 내 문제 카드와 동일한 그림에 지정된 퍼즐을 준비합니다. (○ 표시)
2. 퍼즐 조각들을 뒤집거나 돌려 문제칸에 맞춥니다.
3. 완성하면 우봉고를 외칩니다.
4. 모래시계가 멈추기 전까지 다른 사람들은 계속 문제를 해결합니다.

☆ 모래시계가 멈출 때까지 아무도 문제를 해결하지 못하면 모래 시계를 다시 뒤집어 게임을 이어서 진행해요.

❸ 게임 종료 및 점수 계산

1. 마지막 사람이 남을 때까지 문제를 해결합니다.
2. 먼저 완성한 순서대로 보석을 가져갑니다.
   - 1등: 파란색 보석 1개(라운드판)+무작위 보석 1개(주머니)
   - 2등: 갈색 보석 1개(라운드판)+무작위 보석 1개(주머니)
   - 3~4등: 무작위 보석 1개(주머니)
3. 제한 시간 내에 퍼즐을 못 푼 사람은 보석을 가질 수 없습니다.
4. 문제 카드를 새로 1장씩 받고 다음 라운드를 진행합니다.
5. 모든 라운드 종료 후 각자 모은 보석의 점수를 계산합니다.
   - 빨간색 보석 4점, 파란색 보석 3점, 초록색 보석 2점, 갈색 보석 1점

☆ 점수 계산 후 라운드판 위에 해당 라운드 보석이 남아 있다면 주머니 속으로 넣어요.

수업에 도움이 되는 이야기

문제 난이도 수정하기

↳ 우봉고 퍼즐 조각 크기에 맞는 바둑판 활동지를 활용하여 학생들이 2개 이상의 퍼즐을 맞춰본 뒤 문제 카드를 직접 제작해 보는 방법으로 심화 활동을 진행할 수도 있습니다.

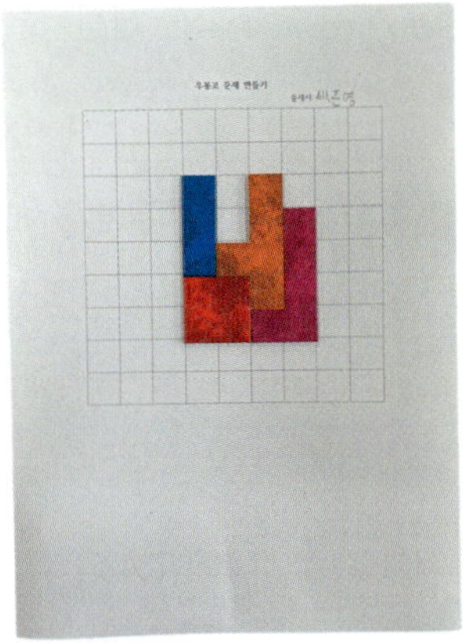

〈활동지 위에 퍼즐 올리기〉 →

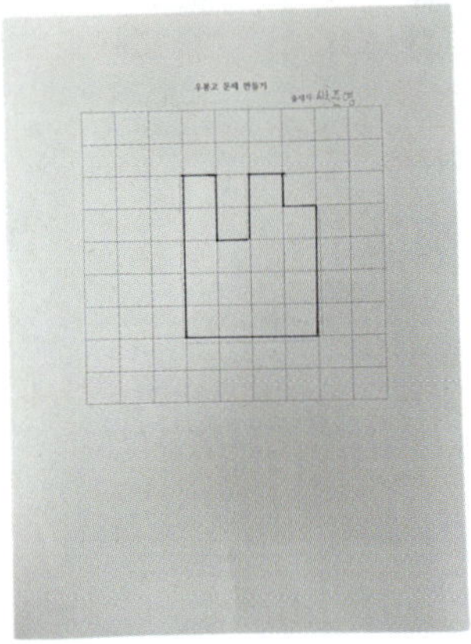

〈네임펜으로 본뜨기〉

문제 카드 양식을 바로 내려 받을 수 있는 QR 코드 →

※ 두꺼운 A4 사이즈의 종이에 단면인쇄 하는 것을 추천합니다.

다양한 수업 활용 주제 예시

- 수학(우봉고 3D 활용) 6학년 - 공간과 입체 / 쌓기나무로 여러 가지 모양을 만들어 볼까요?

교육적 효과

- 다양한 모양의 조각을 주어진 공간에 맞추어 보며 공간 지각 능력과 시각적 추론 능력을 향상시킬 수 있습니다.
- 퍼즐을 해결하기 위해 각 조각의 위치를 분석하고 가장 효율적인 방법을 찾아내야 하기 때문에 논리적 사고력과 문제 해결 능력을 기르는 데 도움을 줍니다.
- 제한된 시간 안에 퍼즐을 완성해야 하므로, 높은 수준의 집중력과 인내심을 기를 수 있습니다.

인간의 욕심은 끝이 없고 인생은 선택의 연속!

잉카의 황금

국어	수학	사회	과학	영어	음악	미술	체육	도덕	실과	창체

텐트 8개

터키석(1점) 60개

흑요석(5점) 30개

황금(10점) 20개

탐험가 모형 8개

모형 카드 30장

위험 카드 15장: 5종류x3장씩

보물 카드 15장

게임 방법

1 게임 준비

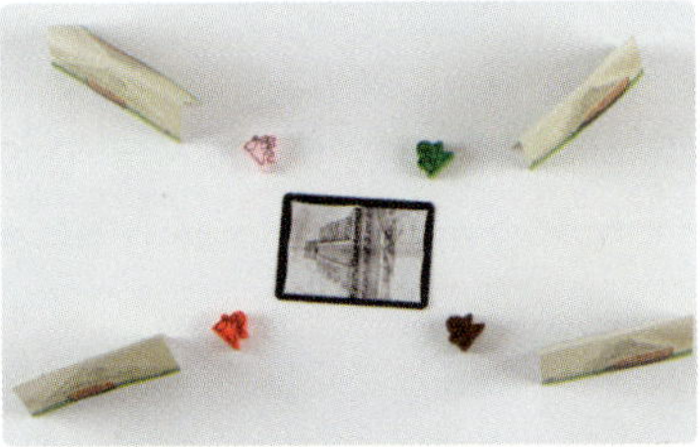

1. 각자 탐험가 모형 하나와 텐트 하나를 가져갑니다.

2. 위험 카드와 보물 카드를 뒷면으로 잘 섞어 더미를 만듭니다.

3. 가장 이 게임에 친숙한 사람이 첫 번째 모험 가이드가 됩니다.
   (없다면 가위바위보로 모험 가이드를 정합니다.)

☆ 카드 더미는 테이블의 가운데 둬요.

② 게임 진행 - 공개

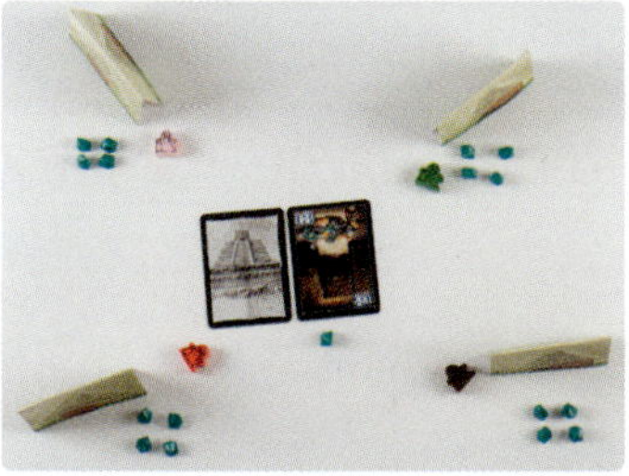

1. 모험 가이드가 모험 카드 더미 중 한 장을 뒤집어 모두가 확인할 수 있게 합니다.

▶ 모험 카드가 보물 카드라면?

- 모든 탐험가들이 보물을 같은 수만큼 공평하게 나누어 갖습니다. 공평하게 나눌 수 없어서 남은 보물들은 그 보물 카드 위에 올려둡니다.

▶ 모험 카드가 위험 카드라면?

- 위험 카드가 처음 나타난 경우에는 아무 일도 일어나지 않습니다.

③ 게임 진행 - 선택

▶ 선택

1. 탐험가들은 획득한 보물을 안전하게 보관하기 위해 텐트로 돌아갈 것인지 더 많은 보물을 얻기 위해 모험을 계속할 것인지 선택합니다.

▶ 텐트로 돌아가려면: 손에 쥔 탐험가 모형을 떨어뜨립니다.

▶ 모험을 계속하려면: 탐험가 모형을 손에 꼭 쥐고 있습니다.

☆ 선택을 하기 전에 모험 가이드는 "하나,둘,셋"을 세고 "가자!" 라고 외쳐요.

☆ 교실에서는 탐험가 모형을 사용하지 않고 엄지를 위로 향하게 하거나 아래로 향하게 표시해도 좋아요.

☆ 개정판에서는 '모험하기' 카드와 '나가기' 카드로 의사를 표현해요.

④ 게임 진행 - 모험 종료

모험의 종료

1. 보물 카드 위에 남아 있던 보물들은 모두 합쳐서 돌아가기로 한 탐험가들이 공평하게 나누어 갖습니다. 공평하게 나눌 수 없어서 남은 보물들은 아무 모험 카드 위에 올려둡니다.
2. 혼자 돌아오게 되는 경우에는 남아있는 모든 보물을 가집니다.
3. 모험을 종료한 탐험가들은 이번 라운드에서는 더 이상 게임에 참여하지 않습니다.

☆ 텐트 속 보물의 수는 누구도 볼 수 없게 비밀을 유지해요!

⑤ 라운드 종료 및 게임 종료

① ① ① ②

1. 어떤 위험이 두 번째로 나타난 경우, 사원에 있던 탐험가 모두가 겁에 질려 도망가게 되고 해당 라운드의 탐험은 종료됩니다.
2. 사원에 남아있던 모든 탐험가들은 이번 라운드에 획득했던 보물들을 반납합니다.
3. 모든 탐험가가 사원에서 돌아와도 라운드가 종료됩니다.
4. 게임은 총 5라운드 동안 진행됩니다.
5. 마지막 라운드가 종료되면 탐험가들은 텐트를 공개하여 각자 얼마나 많은 보물을 얻었는지 세어봅니다.

☆ 가장 많은 부를 얻은 탐험가가 승리해요!

수업에 도움이 되는 이야기

선생님의 역할

- 게임을 시작하기 전에 교사가 PPT나 실물화상기 등으로 카드를 보여주며 나눗셈 연산의 예를 보여주고 다 같이 연산을 연습하는 기회를 충분히 가지는 것을 추천합니다.
- 학생들이 나머지가 있는 나눗셈의 연산 기회를 골고루 가질 수 있도록 카드를 한 번 뒤집을 때마다 가이드를 바꾸도록 합니다. 첫 번째 가이드로부터 시계 방향으로 돌아가며 카드를 뒤집으며 큰 소리로 나눗셈의 연산 과정을 말하고 직접 보석을 카드 위에 놓을 수 있도록 지도합니다. "13÷4=3…1이므로 각자 터키석 3개씩 가지고, 남은 터키석 하나는 이 카드 위에 얹어둘게."등 연산 과정을 소리 내어 말할 수 있도록 지도합니다.
- 나눗셈 연산이 중요하다면, 위험 카드가 3장 나왔을 때 라운드가 종료되는 규칙으로 변형하여 한 번이라도 더 많은 연산을 할 수 있게 교사가 게임의 난이도를 조절하는 등 더 중요한 것에 초점을 맞출 수 있습니다.

다양한 수업 활용 주제 예시

- 사회 6학년- 합리적 선택
  - ↳ 이익(점수)을 극대화하기 위해 합리적으로 선택하는 것의 중요성을 체험하기
- 수학 3학년 - 나눗셈
  - ↳ 나머지가 있는 (몇십몇)÷(몇)의 계산
- 도덕 전 학년 - 절제하는 삶

교육적 효과

- 보물을 더 얻기 위해 탐험을 계속할지, 위험을 피하고 현재까지 얻은 보물을 지키고 돌아갈지를 선택하는 단계에서 위험과 보상을 평가하는 능력을 키워주어 위험 관리 역량 강화에 도움이 됩니다.
- 위험 카드가 나타날 확률을 계산하고, 이에 따른 의사결정을 해야 하므로 확률에 대한 이해와 계산 능력을 키워줍니다.
- 때때로 큰 보상을 얻지 못하거나 위험 요소로 인해 보물을 잃을 수도 있습니다. 성공과 실패를 경험하면서 감정을 조절하는 법을 배우고, 실패를 경험한 후에도 다시 도전하는 인내심을 키울 수 있습니다.

기억력 향상 메모리 게임!

치킨차차

국어 | 수학 | 사회 | 과학 | 영어 | 음악 | 미술 | 체육 | 도덕 | 실과 | 창체

게임 방법

① 게임 준비

1. 한 모둠은 3~4명으로 구성합니다.
2. 경기장 타일(12개*2세트)과 꼬꼬마당 타일(12개, 뒤집어서)을 사진과 같이 준비하여 배치합니다.
3. 각자 자신의 닭을 선택하여 꽁지를 하나 끼운 뒤 경기장 타일 위에 일정한 간격으로 올려둡니다.
4. 모든 선수닭은 같은 거리만큼 떨어지도록 운동장에 놓습니다.
   예 3인 경기 - 선수와 선수 사이 타일 7개
   4인 경기 - 선수와 선수 사이 타일 5개
5. 가위바위보로 순서를 정한 후 경기장 타일을 밟으며 시계 방향으로 달립니다.

② 게임 진행

1. 자신의 닭 바로 앞에 놓인 경기장 타일을 보고 뒤집어져 있는 꼬꼬마당 타일 하나를 골라 모두에게 보여줍니다.
2. 보여준 꼬꼬마당 타일은 다시 뒤집어 제자리에 놓습니다.
3. 고른 꼬꼬마당 타일 그림이 경기장 타일 그림과 일치한다면 자신의 닭을 한 칸 앞으로 움직입니다.
4. 꼬꼬마당 타일 그림과 경기장 타일 그림이 다르면 차례를 마칩니다.

☆ 1~3 과정을 반복하여 성공한다면 계속 전진할 수 있어요.

③ 게임 종료

1. 자신의 닭이 앞서가던 닭 바로 뒤 칸에 도착했다면 앞지르기를 시도할 수 있습니다.
2. 이때는 앞지르려고 하는 닭의 바로 앞에 있는 경기장 타일과 일치하는 꼬꼬마당 타일을 찾아야 합니다.
3. 성공했다면 앞에 있는 닭을 뛰어넘어 이동하고, 이때 앞에 있던 닭의 꽁지를 모두 빼앗아 자신의 닭 꽁지에 끼울 수 있습니다.
4. 누군가 모든 닭의 꽁지를 다 빼앗으면 게임이 종료됩니다.

☆ 앞의 닭들이 빈칸 없이 잇달아 서 있을 때 한 번에 여러 마리 닭을 앞지를 수 있어요. 이때 앞지르기를 성공한다면 모든 닭의 꽁지를 가져올 수 있어요.

수업에 도움이 되는 이야기

게임판 제작

- 매 수업에 맞게 게임 구성품을 준비하기 힘들 수 있습니다. 그럴 때는 모둠별로 빈 종이에 학생들이 직접 문제를 내고 정답을 적어 모둠별 치킨차차 게임판을 만들게 하는 방법도 있습니다. 만든 게임판은 자신의 모둠에서 진행 혹은 다른 모둠과 바꾸어 진행해도 좋습니다.

4학년 수학 '곱셈구구 놀이를 해요' 적용 사례

- 치킨차차 보드게임 판과 빈 카드 양식을 활용하여 제작한 사례입니다. 곱셈식이 적힌 경기장 타일(12개*2세트)과 계산 결과가 적힌 꼬꼬마당 타일(12개, 뒤집어서)을 사진과 같이 준비하여 배치합니다.
- 경기장 타일 2세트는 결과값은 같으나 서로 다른 식의 모양으로 나타낼 수 있도록 안내합니다.
  예 '3X5' '5X3'/'2X8' '8X2'

- 꼬꼬마당 타일(계산결과)을 뒤집기 전 경기장 타일(곱셈식)의 결과를 먼저 말하고 결과값이 맞다면 꼬꼬마당 타일을 뒤집을 수 있도록 안내합니다.

- 빈 카드 양식 활용하는 방법

  1) 빈 카드를 컴퓨터로 편집하여 프린트 후 바로 사용하는 방법

  2) 빈 카드 자체를 편집 없이 프린트 후 코팅하여 매직으로 문제 카드를 작성하는 방법

  → 해당 방법을 사용하면 아이들이 직접 문제 카드를 만들 수 있어 복습 효과가 높아집니다.

빈 카드 양식을 바로 내려 받을 수 있는 QR 코드 →

※ 두꺼운 A4 종이에 인쇄하는 것을 추천합니다.

다양한 수업 활용 주제 예시

- 수학 전 학년 - 계산식과 계산 결과가 있는 모든 차시에서 활용 가능

- 사회, 과학 전 학년 - 개념어와 그림/사진만 있다면 사회, 과학 다양한 차시에서 활용 가능

  예 사회 5학년 사회의 새로운 변화와 오늘날의 우리(인물이름-사진)

  예 과학 6학년 우리 몸의 구조와 기능(각 기관의 이름-그림)

- 창체

  예 3월 첫 주 우리 반 친구들 이름 외우기 활동(이름-얼굴 사진)

교육적 효과

- 기억을 바탕으로 진행되기 때문에 학생들은 자연스럽게 자신의 기억력을 훈련하고 강화할 수 있습니다. 카드의 위치와 이미지를 기억하면서 게임을 진행하는 것이 중요한 요소입니다.

- 다양한 이미지가 있는 카드를 사용하므로 시각적 패턴을 인식하고 비교하는 능력이 향상됩니다. 이는 학생들이 세부 사항을 주의 깊게 관찰하고, 서로 다른 이미지들을 빠르게 구별하는 능력을 기르는 데 도움이 됩니다.

- 카드의 위치를 기억하고 자신의 차례를 기다리며, 적절한 순간에 알맞은 행동을 해야 하므로 집중력을 기르는 데 큰 도움이 됩니다.

- 게임에 승리하기 위해서는 전략적인 사고와 계획이 필요합니다. 이 과정을 통해 학생들은 논리적 사고 능력을 향상시킬 수 있습니다.

달걀 수 세기 메모리 게임!

치킨치킨

국어 | 수학 | 사회 | 과학 | 영어 | 음악 | 미술 | 체육 | 도덕 | 실과 | 창체

달걀 20장

암탉 10장

여우 10장

보너스 카드 16장

달걀 토큰

게임 방법

1 게임 준비

1. 카드를 잘 섞어 뒷면으로 쌓아둡니다.
2. 대표 농부(첫 번째 플레이어)를 정합니다.
3. 대표 농부가 카드를 한 장씩 뒤집어 보여줍니다.

☆ 카드를 뒤집을 때에는 카드가 바깥 방향을 바라보게 뒤집어요.

2 게임 진행

1. 대표 농부가 카드를 한 장씩 뒤집을 때마다 규칙에 따라 달걀 개수를 마음속으로 셉니다.

   예 1-2-1-0-1-2-3-2-3-4

☆ 달걀: 달걀 +1 / 수탉: 게임 끝
암탉: 달걀 -1 / 여우: 암탉 -1

☆ 암탉이나 여우는 이미 달걀이나 암탉이 나와 있을 경우에만 영향을 줘요.

③ 도전

1. 달걀이 5개가 되는 순간 가장 먼저 카드 더미에 손을 얹는 사람이 점수 토큰을 얻습니다.
2. 이때 달걀이 5개가 아니라고 생각하는 사람은 '도전'을 외칠 수 있습니다.
3. 도전에 성공하면 점수를 획득하지만 실패하면 점수를 잃습니다.

☆ **점수 토큰은 달걀 조각이며, 색깔 상관없이 모을 수 있도록 안내해요.**

④ 게임 종료

1. 누군가 3점을 모아 자기 달걀 토큰을 완성한다면 게임에서 승리합니다! 만약 여러 명이 동시에 달걀 토큰을 완성했다면, 승리의 기쁨을 함께 나누세요.

☆ 게임에 충분히 익숙해졌다면, 게임을 더 흥미진진하게 즐길 수 있는 몇몇 보너스 카드를 추가해요!

☆ 한 번에 너무 많은 보너스 카드를 추가하지 않도록 주의해요!

수업에 도움이 되는 이야기

게임 진행

- 학생들이 스트레스를 받지 않도록 긍정적인 분위기를 유지하고, 게임을 즐기는 것에 초점을 둡니다.

난이도 조절

- 학생들의 수학적 수준에 맞추어 게임의 난이도를 조절할 수 있습니다. 처음에는 목표 숫자를 3으로 시작해서 나중에는 목표 숫자를 큰 수로 바꿀 수 있습니다.
- 게임이 충분히 익숙해졌을 때 보너스 카드(개, 오리, 지렁이, 타조알 등)를 점진적으로 추가하여 게임을 더 흥미진진하게 만들 수 있습니다.
- 학생들의 게임에 대한 숙련도에 따라 모둠을 나누어 진행해도 좋습니다.
  - 예 연습이 더 필요한 학생들: 기본 카드로만 목표 숫자 3을 만드는 모둠
  - 예 충분히 연습한 학생들: 보너스 카드를 추가하여 목표 숫자 7을 만드는 모둠

다양한 수업 활용 주제 예시

- 수학 1학년 - 1부터 9까지의 수
  - ↳ 목표 숫자를 6/7/8/9 등으로 바꾸기
- 영어 3학년 - What's this?
  - ↳ What's this? It's a/an ________. (chicken, egg, fox...)

교육적 효과

- 수를 세고 기본적인 연산을 하는 과정에서 자연스럽게 수학적 개념을 익힐 수 있습니다.
- 게임 진행 상황을 주의 깊게 살피는 과정에서 집중력이 강화됩니다.
- 세밀한 부분까지 주의하는 과정에서 주의력이 향상됩니다.

Game by Charles Bossart
Illustrations by Pauline Berdal
Under license from Oka Luda Editions

알까기로 연습하는 곱셈구구!

텀블링다이스

국어 | 수학 | 사회 | 과학 | 영어 | 음악 | 미술 | 체육 | 도덕 | 실과 | 창체

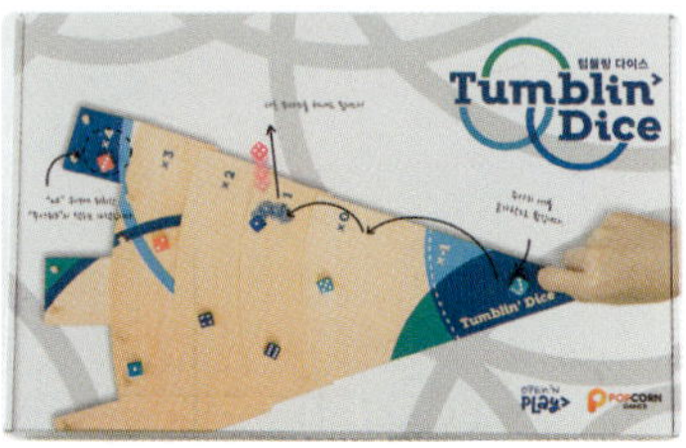

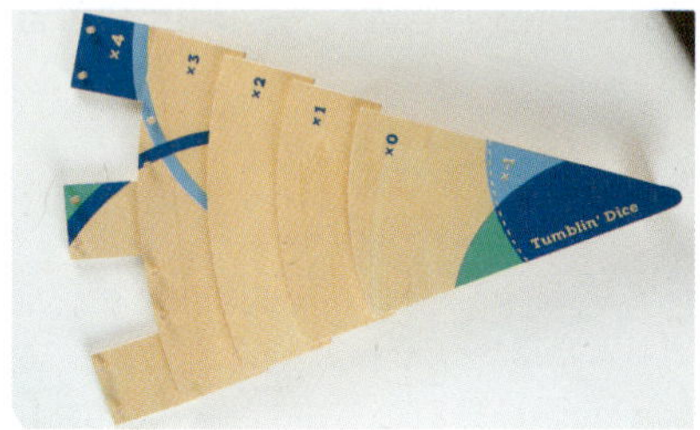

게임판 (2조각)

주사위 4종류
(각 4개)

게임 방법

① 게임 준비

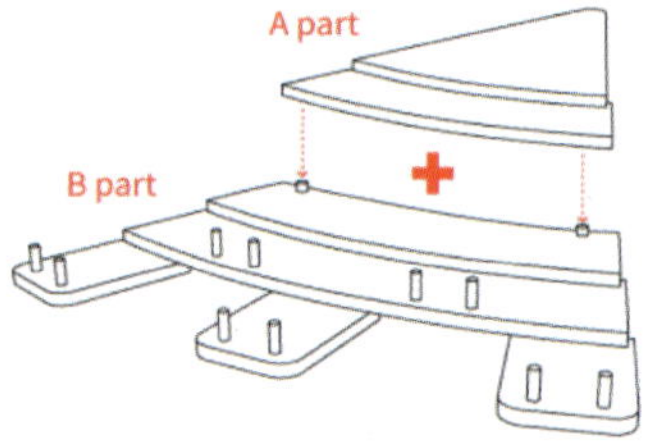

1. 각자 한 색깔의 주사위 4개씩을 나누어 가집니다.

2. 게임판을 조립합니다.

3. 가위바위보 등을 통해 순서를 정합니다.

☆ 활동 시간에 따라 주사위 개수를 늘리거나 줄여도 좋아요!

2 게임 진행

1. 자기 차례에 주사위 1개를 시작 지점에서 손가락으로 튕깁니다.

☆ 시작지점은 교사가 지정하여 전체에게 알려주고 게임을 시작합니다.

☆ 게임판 밖으로 떨어진 주사위는 다음 내 차례에 튕겨요.

☆ 한번 던진 주사위는 점수를 계산할 때까지 게임판에 그대로 둬요!

3 게임 진행(2)

1. 자신의 주사위가 위치한 곳의 곱셈 구구를 큰 소리로 외칩니다.

예 (주사위 숫자)x(주사위가 위치한 구역 숫자)

6 x 3 = 18

2. 모든 사람이 자기 주사위를 전부 던질 때까지 차례를 반복합니다.

☆ 자신의 주사위로 다른 주사위를 밀어낼 수 있어요!

4 게임 종료

1. 모든 사람이 자기 주사위를 전부 던지면 게임이 종료됩니다.

2. 각자 자신의 주사위 점수를 모두 더합니다.

☆ 저학년의 경우, 주사위 하나로 가장 큰 수를 만들기 등 승리 조건을 바꿀 수 있어요.

☆ 점수기록 활동지를 활용하면 좋아요.

수업에 도움이 되는 이야기

주사위를 변경

- 정육면체 주사위가 아닌 다른 다양한 모양의 주사위를 사용하여 곱하는 수에 변화를 줌으로써 연산의 난이도를 조절할 수 있습니다. 또한 분수/소수 주사위를 직접 만들어 분수와 소수의 연산 등에도 활용할 수 있습니다.

게임판의 곱셈식을 변경

- 쉽게 떼었다 붙일 수 있는 견출지 등으로 게임판의 곱셈식을 다양한 연산식으로 변경할 수 있습니다. 덧셈, 뺄셈, 곱셈, 나눗셈 등 다양한 연산식으로 변형이 가능합니다.

곱셈구구 학습지 양식을 바로 내려받을 수 있는 QR 코드 →

선생님의 역할

- 수업의 목표는 연산 연습임을 잊지 않도록 계속 강조합니다. 그렇지 않으면 학생들은 자칫 놀이하는 재미에 빠져서 연산은 뒤로한 채 알까기에만 집중할 수 있습니다.
- 다른 사람 주사위를 일부러 튕기지 않도록 주의합니다!
- 나의 주사위가 다른 사람에 의해 튕겨졌을 때 더 좋은 결과값이 나오거나 새로운 기회가 주어질 수 있는 절호의 찬스라고 알려주어 서로 기분이 상하지 않도록 합니다.
- 연산이 어려운 학생들은 곱셈구구표를 제시하거나 다른 학생들의 도움을 받도록 하여 수준별 학습이 이루어질 수 있도록 합니다.

다양한 수업 활용 주제 예시

- 수학 2학년 - 곱셈구구
- 수학 3학년 - 나눗셈
- 수학 4학년 - 분수의 덧셈과 뺄셈, 소수의 덧셈과 뺄셈
- 수학 5학년 - 분수의 곱셈, 소수의 곱셈
- 수학 6학년 - 비와 비율
- 체육 전 학년 - 경쟁 활동

교육적 효과

- 주사위를 튕겨 특정 목표 지점에 도달시키는 과정에서 손과 눈의 협응력을 기를 수 있습니다.
- 주사위를 튕길 때 힘과 방향을 조절하는 과정에서 미세 운동 기술이 향상됩니다.
- 게임 내에서 곱셈구구를 하고 주사위의 점수를 합산하는 과정에서 기본적인 연산 능력이 향상됩니다.
- 주사위를 활용하는 과정에서 확률의 개념을 자연스럽게 익힐 수 있습니다.
- 게임에서 승리하기 위해 다양한 전략을 세우고 실행하는 과정에서 전략적 사고가 발달합니다.
- 팀을 이루어 게임을 진행하거나 경쟁하는 과정을 통해 협동심과 건강한 경쟁심을 기를 수 있습니다.
- 다양한 상황에서 독창적인 전략을 구상하고 적용해보는 과정에서 창의적 사고가 발달합니다.

라

탐구 능력을 기르는 보드게임

(사회, 과학, 실과)

스무고개? 아니~

알쏭달쏭 열고개

국어 수학 **사회** 과학 영어 음악 미술 체육 도덕 실과 창체

앞 뒤

문제 카드 52장

단서 카드 6장

카드 수납함

게임 방법

1 게임 준비

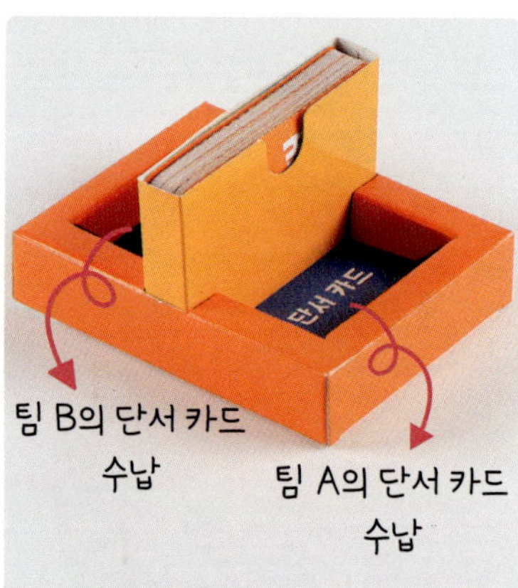

1. 문제 카드를 잘 섞어서 카드 수납함 안에 넣습니다.

2. 카드 수납함을 게임 상자의 홈에 맞추어 꽂아둡니다.

3. 양 팀은 단서 카드 3장씩을 받습니다.

4. 단서 카드 3장을 게임 상자의 양쪽에 넣어둡니다.

☆ 카드 수납함에 문제 카드를 넣을 때 카드 수납함의 파인 부분에 문제 카드의 뒷면이 보이게 넣어야 해요.

2 게임 진행

- 이 나라의 이름은 두 글자입니까? (O)
- 이 나라가 위치한 대륙은 어디입니까? (x)

1. 상대 팀이 문제 카드 1장을 뽑아 제시어 3개 중 앞에 적혀있는 2개의 제시어를 읽습니다.
2. 우리 팀은 최대 10번까지의 질문을 통해 문제 카드에 적힌 나라를 맞혀야 합니다.
3. 정답을 맞히지 못한다면 해당 카드는 버려지고 차례가 끝나게 됩니다.
4. 정답을 맞힌다면 해당 카드를 우리 팀이 가지게 됩니다.

☆ 이때 질문은 반드시 '예' 혹은 '아니오'로 답할 수 있는 질문만 해야 해요.

☆ 정답은 두 번까지만 추측할 수 있으니 신중하게 답해요!

3 단서 카드 사용

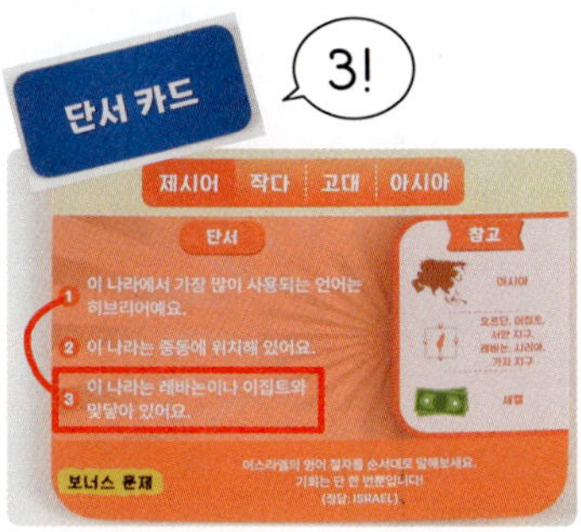

1. 아무리 생각해도 문제 카드의 답이 떠오르지 않을 때 사용합니다.
2. 단서 카드를 하나 사용하며 1부터 3까지의 숫자 중 하나를 외칩니다.
3. 상대 팀은 문제 카드에서 해당 숫자 옆에 적힌 단서를 말해줍니다.

4 보너스 문제

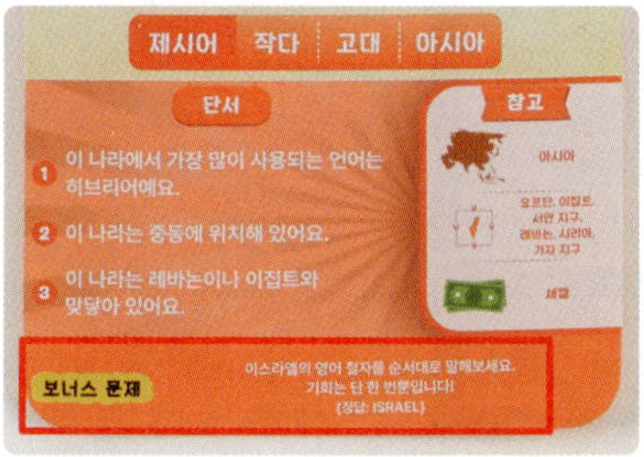

1. 문제 카드의 정답을 맞혔다면 보너스 문제에 도전할 수 있습니다.
2. 도전할 것인지 말 것인지는 팀원들과 상의 후 결정합니다.
3. 보너스 문제까지 모두 맞히면 다음 차례에서 제시어를 3가지 모두 들을 수 있습니다.
4. 보너스 문제를 틀리면 방금 맞힌 문제 카드를 획득하지 못합니다.

수업에 도움이 되는 이야기

문제 카드 제작

- 단원이나 수업을 끝내고 중요한 단어들을 뽑아 정리합니다. 정리한 단어를 문제 카드의 정답으로 정하고 정답을 맞히기 위한 제시어, 단서를 함께 정해 카드에 넣습니다. 참고 칸은 생략해도 좋으나 해당 단어와 관련 있는 단어를 함께 찾아 넣으면 복습 효과가 극대화됩니다.
- 필자는 매 수업을 끝낸 후 수업에 배운 내용을 정리하는 시간을 아이들과 함께 문제 카드를 만드는 데 썼습니다. 정리 시간에 문제 카드를 만들며 이번 시간에 배운 내용을 되돌아보고 가장 중요한 단어를 정리하며 이를 문제로 만드는 과정에서 복습 효과가 극대화되었으며 매 수업의 마무리가 문제 카드를 만드는 것으로 끝맺음하는 것을 알기에 아이들이 수업에 더 집중하는 효과도 낼 수 있었습니다.
- 수업 시간에 만든 문제 카드를 토대로 달마다 혹은 해당 단원이나 과목이 끝날 때마다 만든 문제 카드를 사용하여 보드게임을 진행하였습니다.

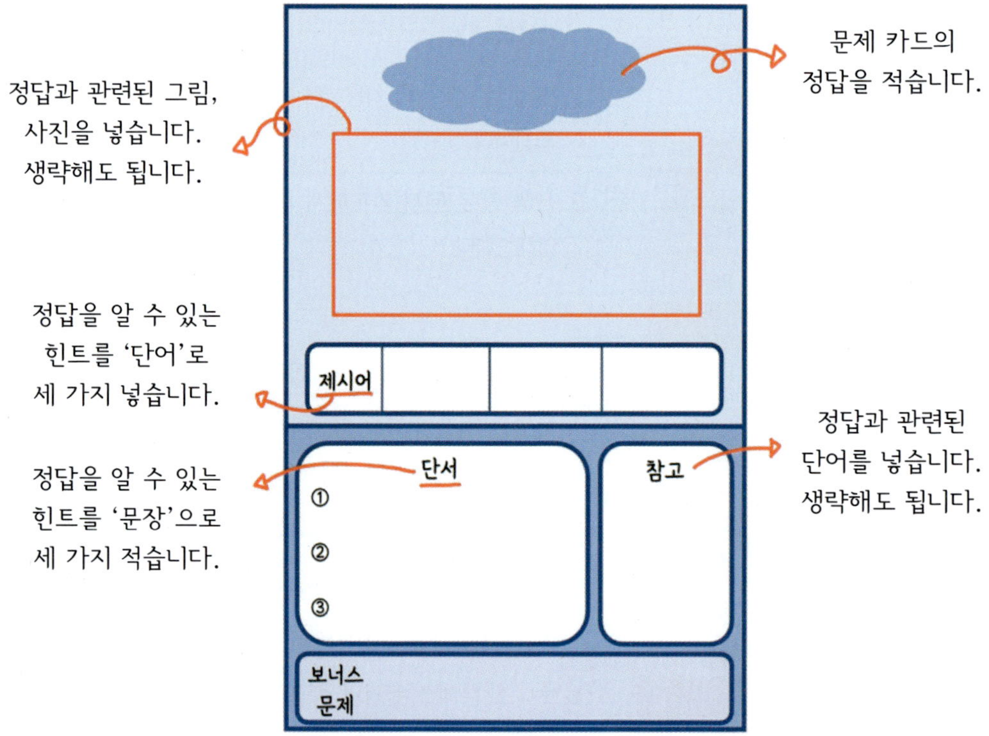

예 6학년 사회 지구촌의 평화를 위해 노력한 인물들 수업에 활용

단서

① 차별 없는 세상을 만들기 위해 노력한 사람이에요

② 자유와 인권, 평화의 가치를 전한 공로로 노벨 평화상을 받았어요.

③ 국가 간의 분쟁을 평화적으로 중재하는 일을 했어요.

참고

지구촌

인종

평등

보너스 문제

과거 아프리카 공화국에서 시행된 인종 차별 정책의 이름은 무엇인가요?
(정답. 아파르트헤이트)

문제 카드 만드는 방법

1) 빈 문제 카드를 컴퓨터로 편집하여 프린트 후 바로 사용하는 방법

2) 빈 문제 카드 자체를 편집 없이 프린트 후 코팅하여 매직으로 문제 카드를 작성하는 방법

→ 해당 방법을 사용하면 아이들이 직접 문제 카드를 만들 수 있을 뿐만 아니라 사용 후, 글자를 지우고 재사용할 수 있어 활용도가 높습니다.

문제 카드 양식을 바로 내려받을 수 있는 QR코드 →

※ 한 면에 인쇄할 페이지 수를 '4'로 설정하여 출력하면 적당한 크기의 카드 사이즈로 출력됩니다.

※ 두꺼운 A4 사이즈의 종이에 단면 인쇄 하는 것을 추천합니다.

다양한 수업 활용 주제 예시

- 수학 5학년 - 수의 범위와 어림
  - ↳ 이상, 이하, 초과, 미만, 올림, 버림, 반올림
- 수학 5학년 - 약수와 배수
  - ↳ 약수, 배수, 공약수, 최대공약수, 공배수, 최소공배수
- 과학 6학년 - 식물
  - ↳ 뿌리, 줄기, 잎, 꽃, 씨, 광학 현미경, 접안렌즈, 회전판, 재물대, 조리개
- 과학 6학년 - 여러 가지 기체
  - ↳ 산소, 이산화탄소, 공기, 질소, 헬륨, 수소, 네온, 아르곤
- 사회 6학년 - 국가기관
  - ↳ 국회, 행정부, 법원, 국무회의, 법률안 제안서, 재판, 민주정치의 원리
- 사회 6학년 - 대륙과 국가
  - ↳ 유럽, 아시아, 아프리카, 오세아니아, 북아메리카, 남아메리카, 태평양, 대서양, 인도양
- 사회 6학년 - 세계의 다양한 기후
  - ↳ 열대 기후, 건조 기후, 온대 기후, 냉대 기후, 한대 기후, 고산 기후, 히잡, 델, 케밥
- 사회 6학년 - 지구촌의 평화와 발전
  - ↳ 넬슨 만델라, 이태석 신부, UN, 국제 연합 아동 기금, 국제 연합 난민 기구

교육적 효과

- 다른 학생들과의 소통을 통해 의견을 공유하고 추리하는 과정에서 의사소통 능력을 향상할 수 있습니다.
- 정답을 맞히려고 묻고 답하는 과정에서 학생들의 상상력을 자극하고 추상적인 개념을 구체화하는 능력을 키울 수 있습니다.
- 정답을 맞히기 위해 여러 가지 질문을 하고 추리하는 과정에서 언어적 유연성을 키울 수 있습니다.
- 질문을 통해 명확한 정답을 생각하고 자신에게 필요한 힌트를 얻기 위해 여러 가지 질문 중 10가지의 질문을 선별하는 과정에서 비판적 사고 능력을 기를 수 있습니다.
- 제한된 질문 속에서 답을 추리해야 하므로 전략적 사고 능력을 키우고 문제 해결 능력을 기를 수 있습니다.

자석을 이용한 미니 축구 게임!

클라스크

국어 | 수학 | 사회 | 과학 | 영어 | 음악 | 미술 | 체육 | 도덕 | 실과 | 창체

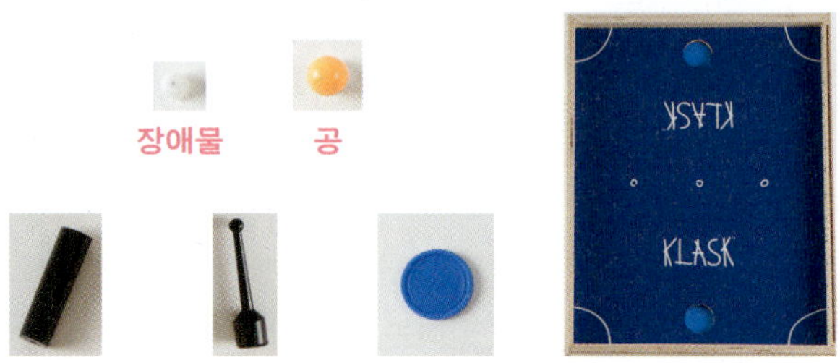

장애물 공 핸들 스트라이커 점수 칩 게임판

게임 방법

1 게임 준비

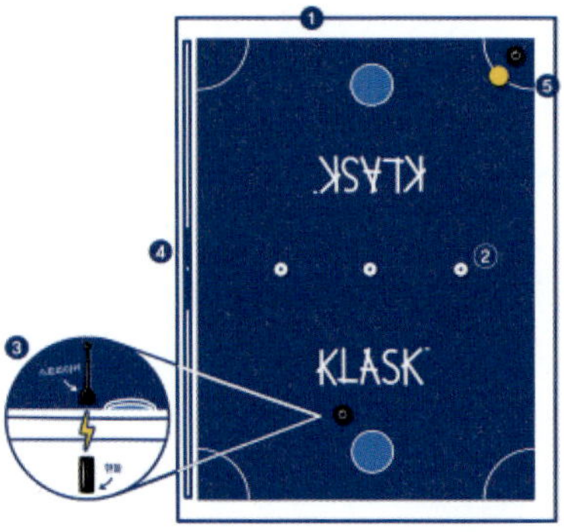

1. 두 명 사이에 게임판을 놓고, 기울어지지 않았는지 확인합니다.
2. 장애물 3개를 게임판 위의 흰색 원 위에 놓습니다.
3. 각자 자신의 스트라이커와 핸들을 연결합니다.
   - 스트라이커는 게임판 위쪽에, 핸들은 게임판 아래쪽에 두고 연결합니다.
4. 점수칩 2개를 각자 0점 칸에 넣어 점수를 표시합니다.
5. 먼저 공격하는 사람이 자기 진영의 코너 2곳 중 한 곳에 공을 놓습니다.

☆ 스트라이커와 핸들, 장애물 통해 자석의 원리를 알아봐요!

② 게임 진행

1. 두 플레이어 모두 게임판 아래쪽 핸들을 이용해 원하는 대로 스트라이커를 움직이며 공격과 수비를 합니다.

☆ 1점을 얻으면 점수 칩을 한 칸 옮겨 득점을 표시해요.

☆ 누군가 점수를 얻으면 장애물 3개는 원위치에 돌려 놓아요.

☆ 득점 인정 상황이 동시에 발생해도 한 번에 1점만 얻어요.

☆ 두 명 모두 득점하는 경우, 먼저 발생한 득점만 인정해요.

③ 점수를 얻는 4가지 방법

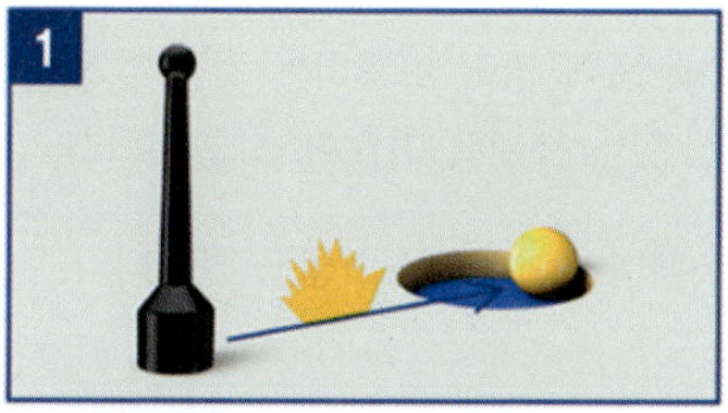

1. 공이 상대의 골에 들어가서 나오지 않을 때

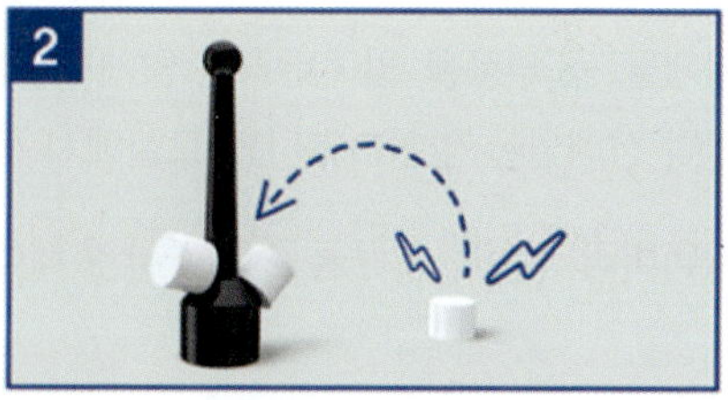

2. 장애물이 상대의 스트라이커에 2개 이상 붙을 때

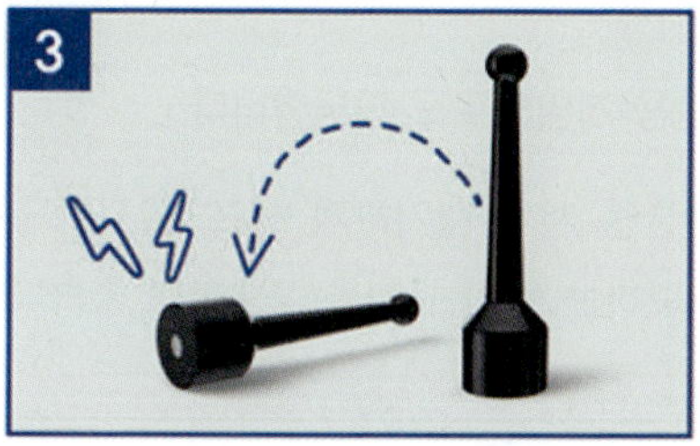

3. 상대가 자기 스트라이커의 통제권을 잃었을 때

4. 상대의 스트라이커가 골에 들어갔을 때

④ 게임 종료

1. 게임의 목표는 게임판의 장애물을 피해가며 상대의 공에 골을 넣는 것입니다.
2. 먼저 6점을 얻는 사람이 대결에서 승리합니다.

☆ 주어진 시간에 따라 게임 종료 조건을 바꿀 수 있어요.

Icon made by Freepik from www.flaticon.com

수업에 도움이 되는 이야기

구성물을 변경

- 장애물을 변경: 게임 상자에서 주어진 장애물이 아닌 자석에 붙는 성질을 가진 물체를 장애물로 사용할 수 있습니다. 자석에 붙는 물체의 크기에 따라 게임의 난이도가 달라지게 됩니다. (예 옷핀, 클립, 못, 용수철 등)
- 스트라이커와 핸들을 변경: 극이 다른 막대자석 등으로 만들어 사용하여 나만의 미니 축구 게임을 만들 수 있습니다.

보관 방법

- 장애물 등 부품을 잃어버리지 않게 주의하여 지퍼백 등에 담아 보관하는 것을 추천합니다. 만약 장애물을 잃어버렸다면 교실에서 흔히 구할 수 있는 클립을 이용할 수 있습니다.
- 잃어버리기 쉬운 부품들은 제조사 홈페이지에서 '스페어 파츠'로 따로 팔고 있습니다.

추가 활용 방안

- 플레이타임이 짧고 규칙이 직관적이어서 쉬는 시간용 게임으로도 적당합니다.
- 게임이 인기가 너무 많을 경우 각 플레이어 뒤에 줄을 서서 대기하게 하고, 일정한 점수에 도달하여 승부가 나면 두 플레이어 모두 자리를 양보하는 등의 규칙을 적용하면 좋습니다.

다양한 수업 활용 주제 예시

- 체육 전 학년 - 경쟁활동

교육적 효과

- 자석을 정확히 조작하는 과정에서 미세 운동 능력을 향상시킵니다.
- 정확한 타이밍과 손의 움직임이 중요한 게임이기 때문에 눈과 손의 협응 능력이 발달합니다.
- 단순한 운보다는 다양한 상황을 분석하고 최선의 결정을 내리는 전략적 사고가 중요한 게임이므로 문제 해결 능력을 향상시킬 수 있습니다.
- 상대방과의 상호작용을 통해 사회적 기술을 발전시킬 수 있습니다.

알까기 낚시 대결!

푸시 피시

국어 | 수학 | 사회 | 과학 | 영어 | 음악 | 미술 | 체육 | 도덕 | 실과 | 창체

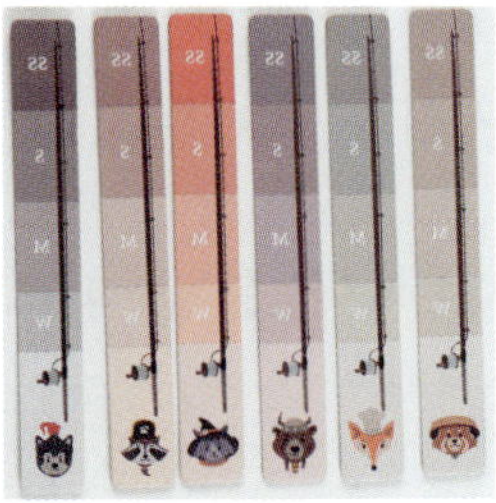

낚싯대

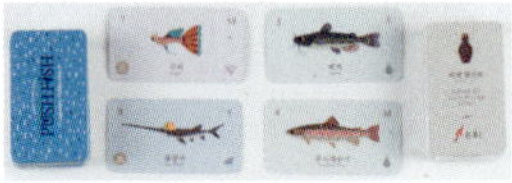

물고기 카드

미끼 토큰

나무 토큰

게임 방법

1 게임 준비

1. 각자 캐릭터의 낚싯대, 미끼 토큰, 나무 토큰을 가져옵니다.
2. 책상 가운데에 물고기 카드를 뒷면이 보이도록 펼쳐놓습니다.
    - 물고기 카드는 4x5 형태로 배열합니다.
3. 어장의 물고기 카드를 동시에 하나씩 뒤집어 가장 높은 숫자의 사람이 먼저 낚시를 시작합니다.
    - 숫자가 같으면 힘세기가 높은 사람이 먼저 시작합니다.
    - 뒤집은 물고기 카드는 그대로 두고 게임을 시작합니다.

☆ 모둠원은 6명까지 가능해요.

② 미끼 투척

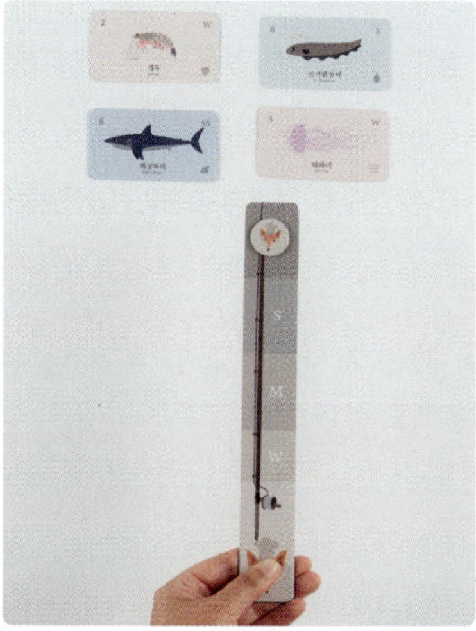

1. 미끼 토큰을 낚싯대 끝부분(SS칸)에 놓습니다.
2. 물고기 카드를 향해 미끼를 투척합니다.
3. 물고기 카드 위에 미끼 토큰이 제대로 안착하면 물고기가 미끼를 문 상황입니다.
4. 미끼 투척에 성공하면 낚시를 시작합니다.

☆ 미끼 토큰이 50% 이상 물고기 카드 위에 올라갔을 때 미끼를 물었다고 하지만, 학년성에 따라 1~100%로 조절할 수 있어요.

③ 낚시

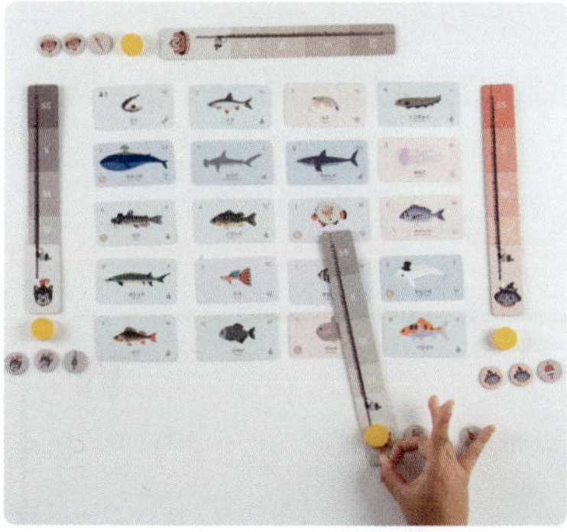

1. 물고기 카드의 힘세기를 확인합니다.
2. 낚싯대 밑부분에 나무 토큰을 놓은 후 물고기의 힘세기 영역 안에 들어갈 수 있도록 나무 토큰을 손가락으로 튕깁니다. (알까기)
3. 한 사람에게 낚시 기회는 3번까지 주어집니다.
4. 나무 토큰이 힘세기 영역에 반 이상 들어와야 성공입니다.

☆ 나무 토큰 위치가 애매할 경우 모두가 인정하면 성공으로 봐요.

④ 물고기 획득

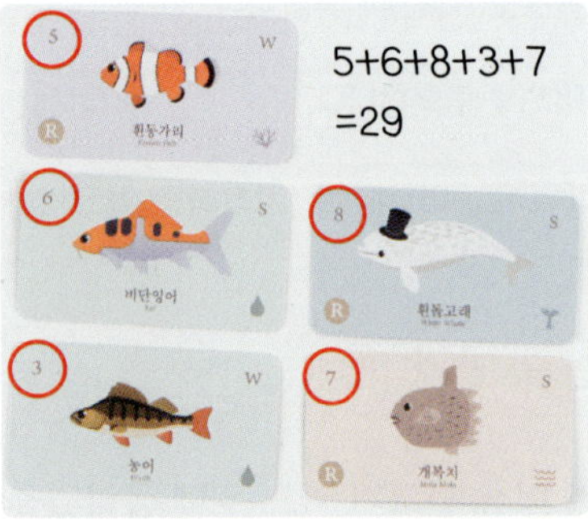

1. 낚시에 성공했을 경우 해당 물고기 카드를 획득합니다.
   - 자신의 차례에는 물고기를 한 마리만 잡을 수 있습니다.
2. 한 사람이 물고기 카드를 5장 잡았을 경우 게임이 종료됩니다.
3. 각자 보유한 물고기 카드의 점수를 합하여 총점이 가장 높은 사람이 승리합니다.

☆ 모둠원 수가 많을 때는 기다리는 동안 혼자 낚시 연습할 시간을 허용해도 좋아요.

수업에 도움이 되는 이야기

물고기 카드를 변경

▶ 물고기 카드를 학습하는 교과/단원/차시에 맞는 적절한 내용으로 변형하여 사용할 수 있습니다.

예 5학년 과학 - 태양계와 별 (수성, 금성, 지구, 화성, 목성, 토성)

6		S	3		W

	토성(Saturn)			**화성(Mars)**	

〈그림 출처: 픽사베이〉

빈 카드 양식을 바로 내려받을 수 있는 QR 코드 →

(무료 이미지 사이트: 픽사베이, 프리이미지, 언스플래쉬)

※ 두꺼운 A4 종이에 양면 인쇄하는 것을 추천합니다.

빈 카드 양식 사용 방법

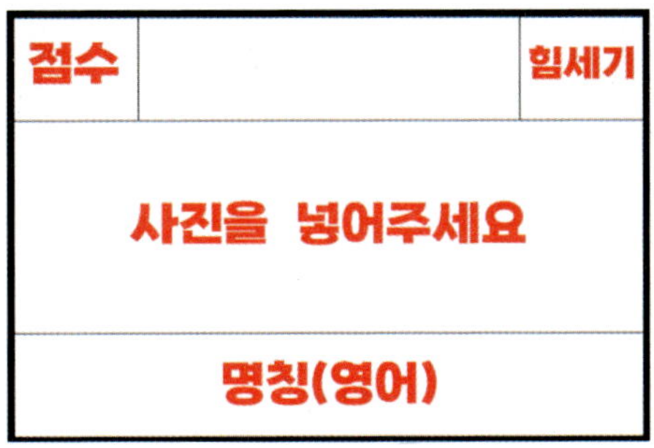

보관 방법

- 낚싯대가 종이로 만들어져 있어 큰 힘을 가하면 손상될 수 있습니다.
- 알까기에 실패했을 때 나무 토큰을 분실하지 않도록 바로 되찾아 오는 습관을 강조합니다.

수업 진행

- 다른 학생이 행동을 하는 동안, 내 차례를 기다리면서 알까기나 미끼를 던지는 연습을 할 수 있도록 허용하면 학생들이 지루함을 느끼지 않고, 손과 눈의 협응 능력을 자발적으로 꾸준히 연습할 수 있습니다.
- 미끼 투척과 낚시 행동으로 물고기 1마리를 잡아보는 몸풀기 게임을 강력 추천합니다!
- 교과 연계 수업 시간에는 게임 구성물인 '미션 카드'와 '아이템 카드', '캐릭터 카드'는 쓰지 않고 단순하게 〈알까기 낚시〉만 즐겨도 충분합니다!
- 익숙해지면 미끼를 투척할 때 물고기 카드에서 낚싯대 길이만큼 떨어져서 미끼를 던집니다.
- 어장에 3개의 빈 공간이 생기면 즉시 카드를 채워 넣습니다.

다양한 수업 활용 주제 예시

- 3학년 국어 - 국어사전 활용하기
  - ↳ 새롭게 알게 된 단어
- 3학년 사회 - 우리 고장의 여러 장소
  - ↳ 학교, 시장, 강, 산, 병원, 우체국
- 5학년 과학- 태양계와 별
  - ↳ 수성, 금성, 지구, 화성, 목성, 토성
- 5학년 수학 - 다각형의 둘레와 넓이
  - ↳ 사각형, 직사각형, 평행사변형, 삼각형, 마름모, 사다리꼴
- 6학년 영어 - How Often Do You Exercise?
  - ↳ once, twice, three times, four times
- 체육 - 경쟁 영역

교육적 효과

- 목표를 달성하는 과정에서 여러 번의 시도가 필요할 수 있기 때문에 인내심을 기를 수 있습니다.
- 손과 눈의 협응력과 미세 운동 기술을 발달시킬 수 있습니다.
- 목표를 달성하기 위해 집중하는 과정에서 집중력이 향상될 수 있습니다.

참깨빵 위에 패티 순쇠고기 패티 두 장!

스택버거

국어 | 수학 | 사회 | 과학 | 영어 | 음악 | 미술 | 체육 | 도덕 | 실과 | 창체

난이도 겸 점수 (3점을 의미)

레시피 (아래부터 순서대로)

햄버거 카드 35장

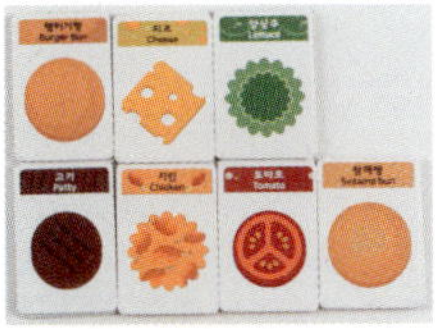

재료 7종류 x 4세트

재료 타일 28장

게임 방법

❶ 게임 준비

1. 햄버거 카드(목표 카드)는 더미로 쌓아 놓고 3장을 펼쳐 놓습니다.

2. 재료 타일은 잘 섞어서 종류별(7종)로 2장씩 총 14장을 섞어서 뒷면이 보이도록 배치합니다.

3. 남은 햄버거 카드는 더미로 만들어서 옆에 둡니다.

☆ 처음에는 14장(7종x2세트)으로 시작하고 학생들이 숙련되면 21장(3세트), 28장(4세트)으로도 진행할 수 있어요.

❷ 게임 진행

예 성공한 햄버거 카드 완성하기

순서: 참깨 빵 → 치즈 → 치킨 → 양상추 → 고기 → 햄버거빵

1. 가장 최근에 햄버거를 먹은 사람부터 시계방향으로 게임을 진행합니다.
2. 자기 순서가 되면 다음 두 선택지 중 하나를 실시합니다.
   (1) 재료 타일 뒤집기
   재료 타일 중 1장을 선택하여 뒤집어서 확인합니다.
   모두가 볼 수 있게 보여준 다음 원래대로 뒤집어 놓습니다.
   (2) 햄버거 카드 완성하기(도전)
   재료 타일을 충분히 기억했다면 햄버거 카드 중 한 장을 지목하여 선언하고, 해당 레시피에 맞게 아래에 있는 재료 타일부터 순서대로 뒤집어서 쌓아 올립니다.

☆ 같은 재료가 두 번 들어가는 경우, 처음에 사용했던 카드는 다시 사용할 수 없다고 알려주세요!

예 처음 썼던 참깨빵을 마지막에 또 쓰는 경우 불가능

❸ 게임 종료

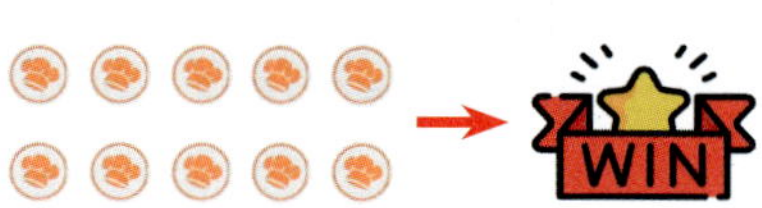

1. 햄버거 카드 완성에 성공한 경우, 완성한 햄버거 카드는 갖고 새로운 햄버거 카드 1장을 펼쳐둡니다.
2. 햄버거 카드 완성에 성공했다면 햄버거 카드를 가져가서 점수로 사용하고, 모든 재료 타일을 원래 상태로 뒤집어 둡니다.
3. 햄버거 카드 완성에 실패한 경우, 모든 재료 타일을 원래 상태로 뒤집어 둡니다.
4. 햄버거 카드 상단에 그려져 있는 요리사 모자 도장을 10개 이상 모은 플레이어가 게임에서 승리합니다.

☆ 햄버거 만들기를 할 때 만들 햄버거를 선언하지 않고 시작하는 경우 판정시비가 생길 수 있으므로 꼭 자신이 어떤 햄버거 카드를 만들지 선언하고 만들기를 시작하도록 강조해요.

Icon made by Freepik from www.flaticon.com

수업에 도움이 되는 이야기

재료 타일, 햄버거 카드 내용 변경

- 교실 안에서 할 수 있는 다양한 일 중, 절차적 사고로 해결할 수 있는 일을 순서대로 정리합니다.
  - 예 6학년 실과 프로그래밍
  - 예 '책상에서 교과서 꺼내기, 청소 용구함에서 빗자루 꺼내 자리 앉기'를 절차적 사고로 해결
  - 예 목표 카드 (아래 참조)

책상에서 교과서 꺼내기 ★★☆	청소도구함에서 빗자루 꺼내 자리 앉기 ★★★

순서5:	순서5: 의자를 꺼내고 엉덩이를 붙여라.
순서4:	순서4: 다시 뒤돌아 앞으로 7걸음 걸어라.
순서3: 몸쪽으로 당긴 후 책상에 올려라.	순서3: 빗자루를 꺼내라.
순서2: 교과서를 잡아라.	순서2: 손잡이를 잡고 문을 열어라.
순서1: 책상 아래에 손을 집어넣어라.	순서1: 뒤로 돌아서 7걸음 걸어가라.

- 목표 카드에는 해결해야 할 문제(일)를 적고 문제를 작게 나누어 단계별로 처리하는 순서를 목표 카드에 정리하여 적습니다.
  - 예 재료 카드 (아래 참조)

책상 아래에 손을 집어넣어라.	교과서를 잡아라.

▶ 재료 카드에는 목표 카드에 적은 단계별로 처리하는 순서를 재료 카드 하나당 하나씩 쓰고 관련된 그림을 그립니다.

해결해야 할 문제(일)를 적습니다.

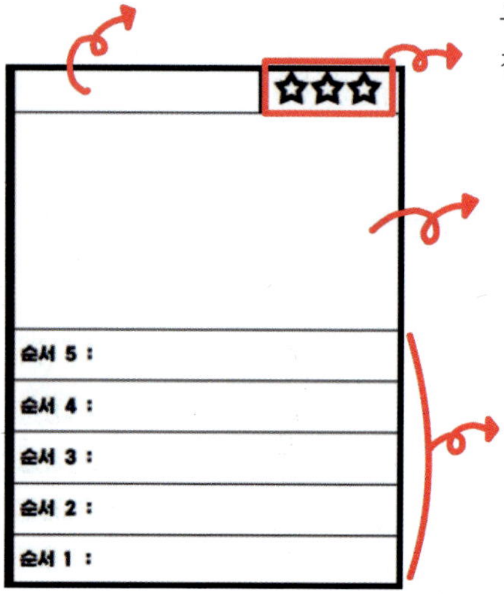

목표 카드 성공 시 얻게 되는 점수를 표시합니다. (1~3점)

일하는 장면을 그림으로 간략하게 그립니다.

절차적 순서에 맞게 단계별로 처리하는 순서를 씁니다. 이때 별의 개수에 따라 순서의 개수를 조절하여 씁니다.

- 별 3개: 다섯 개의 순서
- 별 2개: 세~네 개의 순서
- 별 1개: 두 개의 순서

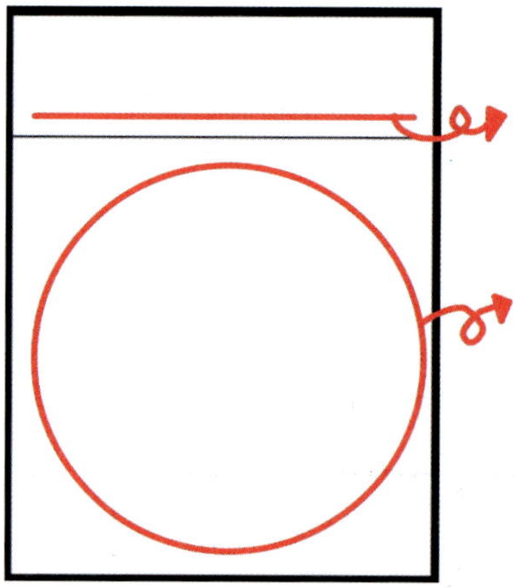

목표 카드에 적은 단계별 처리 순서를 하나씩 씁니다.

위에 적은 순서와 관련된 그림을 그립니다.

▶ 빈 카드 양식 활용하는 방법

1) 빈 문제 카드를 컴퓨터로 편집하여 프린트 후 바로 사용
2) 빈 문제 카드 자체를 편집 없이 프린트 후 코팅하여 네임펜으로 문제 카드를 작성

↳ 카드를 계속 뒤집어야 할 뿐만 아니라, 아이들이 카드를 만질 일이 많기 때문에 네임펜으로 카드를 작성하는 것을 추천합니다. 마카펜과 달리 재사용은 어렵지만 글자가 지워질 우려가 없어 오랜 시간 사용이 가능합니다.

햄버거 카드, 재료 타일 양식을 바로 내려받을 수 있는 QR 코드 →

※ 두꺼운 A4 종이에 단면 인쇄하는 것을 추천합니다.

보너스 규칙

- 공동의 목표를 두고 하는 게임이기 때문에 앞 친구가 실패한 것을 다음 친구가 성공하여 다투는 경우가 있습니다. 그래서 공동 목표가 아니고 개인별 목표 카드를 처음에 뽑고 자기 햄버거 카드를 완성하는 규칙으로 운영할 수 있습니다.

- 초반에는 재료 타일들에 대한 정보가 부족하여 찾는 데 어려움을 겪지만, 게임 후반이 되면 금방 찾을 수 있습니다. 그러므로 원하는 타이밍에 1회 타일들을 재배치할 수 있는 능력을 주거나 5점을 넘은 플레이어가 생겼을 때 다시 재료 타일을 섞는 규칙을 추가 해주는 것도 가능합니다.

- 두 가지 선택지(재료 타일 뒤집기, 햄버거 만들기) 중 햄버거 만들기 과정은 재료 타일 뒤집기 과정이 포함되므로 학생들이 햄버거 만들기를 계속해서 선언하는 경향이 있습니다. 그럴 때는 만들기를 선언한 후 실패하면 다음 순서에 1회 쉬는 등 벌칙을 부여하는 것도 고려합니다.

- 학생들에게 선생님이 규칙을 좀 더 편하게 설명하려면 학생들이 자기 차례에 하는 일을 두 가지 선택지가 아닌 한 가지 선택지로 통합하여 제시해도 됩니다. 학생들에게 자기 순서가 되면 만들 햄버거 카드를 무조건 한 가지 선언하고 재료 타일 뒤집기를 시작해야 한다고 설명해도 됩니다.

다양한 수업 활용 주제 예시

- 실과 6학년 - 프로그래밍

  ↳ 절차적 사고 배우기, 절차적 사고 복습 활동, 언플러그드 코딩

- 실과 5~6학년 - 요리 실습

  ↳ 빈 카드 양식을 활용하여 실과책에 나오는 음식 만들기 실습과 관련된 일을 순서대로 정리하여 게임을 만드는 활동도 가능함.

- 과학 4학년 - 지층과 화석

  ↳ 지층이 쌓이는 순서와 화석이 생기는 순서 알아보기

- 미술 4학년 - 판화

  ↳ 판화를 만드는 순서 알아보기

교육적 효과

- 햄버거를 쌓는 순서를 결정하는 것은 알고리즘을 구상하고 구현하는 과정과 유사하기에 햄버거를 조립하는 과정에서 코딩의 중요 개념 중 하나인 알고리즘(절차적 사고)의 구상을 연습할 수 있습니다.
- 햄버거를 완성하는 과정에서 자신만의 전략을 짜고 이를 실행해야 하기에 창의적 문제 해결 능력이 향상됩니다.
- 햄버거를 쌓을 때 자신이 예상한 것과는 다른 상황이 발생하며 이를 해결하기 위해 문제의 원인을 찾고 수정하는 과정을 거쳐야 합니다. 따라서 이 과정을 통해 코딩의 요소 중 하나인 디버깅(잘못된 부분을 찾아 고치는 것) 과정을 간접적으로 체험할 수 있습니다.

이리저리 접어보자! 절차적 사고 놀이!

폴드-잇

국어 | 수학 | 사회 | 과학 | 영어 | 음악 | 미술 | 체육 | 도덕 | 실과 | 창체

어려운 카드 20장 (주황)

별 토큰 15개

손수건 4장 (앞뒤 같음)

쉬운 카드 22장 (파랑)

플라스틱 토큰 3개

게임 방법

1 게임 준비

1. 한 모둠은 3~4명으로 구성합니다.
2. 각자 손수건을 한 장씩 받아 자기 앞에 펼쳐둡니다.
3. 각자 별 토큰을 3개씩 받습니다.
4. 플라스틱 토큰은 사람 수보다 하나 적게 준비합니다.
5. 주문서 카드는 종류별로 나눠 잘 섞은 후 나눠 놓습니다. (난이도에 따라 2종류)

☆ 쉬운 난이도 카드로 플레이 후 어려운 난이도 카드로 넘어갈 수 있도록 안내해요.

☆ 계획한 활동 시간에 따라 별 토큰 수를 조절할 수 있어요.

② 게임 진행

1. 가위바위보로 선을 정합니다.
2. 선 플레이어는 공개할 카드의 난이도를 선택합니다.
3. 주문서 카드를 잘 보고 모두가 동시에 요리를 시작합니다.
   *요리란? 손수건을 이리저리 접어 주문서 카드에 보이는 음식 그림만 남겨놓는 것
4. 손수건을 접을 때, 반드시 가로나 세로로 그려진 선을 따라서만 접을 수 있습니다. (대각선 접기 불가능)

☆ 손수건의 그림은 양면이 같다는 점을 활용해요.

☆ 완성된 손수건의 그림 위치와 주문서 카드 그림의 위치는 정확히 일치하지 않아도 돼요.

③ 게임 종료

1. 요리를 완성한 사람은 '폴드잇!'을 외치면서 재빨리 플라스틱 토큰을 집어옵니다.
2. 가장 늦게 요리를 완성하거나 엉뚱한 요리를 한 사람은 별 토큰 하나를 잃게 됩니다.
3. 마지막까지 별 토큰을 가지고 있는 사람이 승리합니다.

☆ 동시에 완성했을 경우 가위바위보로 순서를 결정해요.

수업에 도움이 되는 이야기

규칙 변형

- 별 토큰 없이 먼저 완성한 학생이 '폴드잇'을 외치고 그 과정을 설명하는 방식으로 진행할 수도 있습니다. 완성한 결과물을 거꾸로 펴면서 그 절차를 다른 친구들에게 설명하는 과정을 통해 절차적 사고에 대한 상호학습이 가능합니다.

다양한 수업 활용 주제 예시

- 수학 4학년 – 평면도형의 이동(뒤집기, 돌리기)
- 영어 3학년 – 'I like Chicken' 단원 좋아하는 음식 말하기
  - 요리 완성 후 '폴드잇' 외치기 대신 완성된 요리 중 한 가지 음식 선택하여 'I like ○○○' 말하기
- 실과
  - 6학년 소프트웨어와 프로그래밍
  - 6학년 절차적 사고 학습 후 적용 활동
- 창체
  - 대형 폴드잇(오른쪽 그림)을 활용하여 모둠별 협력 게임으로 활용 가능!
  - 방법1) 제시된 주문서 카드 보고 모둠원이 힘을 합쳐 함께 토의하며 만들기
  - 방법2) 제시된 주문서 카드 보고 모둠원 중 1명씩 돌아가며 릴레이 만들기

교육적 효과

- 앞뒤 그림이 있는 손수건을 접어 특정 패턴을 완성하는 과정에서 학생들은 2D 도형을 3D로 변환하는 능력을 키우며, 공간 지각력과 사고 능력을 향상시킬 수 있습니다.
- 주어진 패턴을 완성하기 위해 다양한 접기 전략을 생각하고 시도하며, 해결책을 찾기 위한 논리적 사고를 발전시킬 수 있습니다.
- 제한된 시간 안에 완성해야 하기 때문에 높은 수준의 집중력과 인내심이 필요합니다. 이러한 과정을 통해 학생들은 집중력을 유지하며 문제 해결 능력을 기를 수 있습니다.
- 손수건을 접는 과정에서 손과 눈의 협응이 필요합니다. 이를 통해 학생들은 소근육 운동 능력 향상과 손과 눈의 협응력을 향상시킬 수 있습니다.
- 다양한 방식으로 손수건을 접어 패턴을 완성하는 과정에서 창의적 사고와 상상력을 자극할 수 있습니다. 학생들은 독창적인 방법으로 문제를 해결하며 창의력을 기를 수 있습니다.

전략적 토템 획득 게임!

티키토플

국어 | 수학 | 사회 | 과학 | 영어 | 음악 | 미술 | 체육 | 도덕 | 실과 | 창체

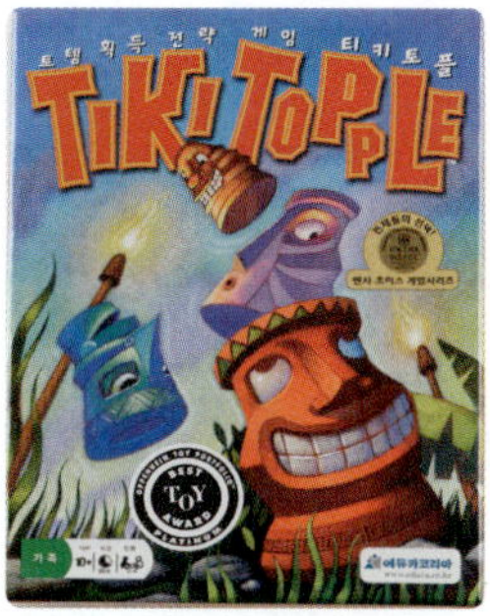

게임 보드

비밀 카드 27장

티키상

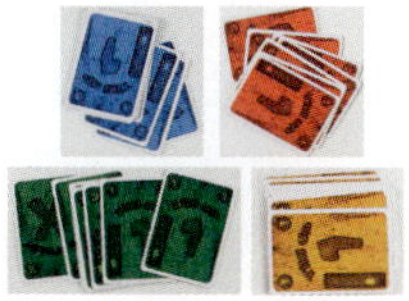
액션 카드 묶음
(4가지 색, 각 7종류)

게임 말 4개

게임 방법

1 게임 준비

1. 각자 원하는 색의 게임 말과 액션 카드 묶음을 가져갑니다.
2. 티키상은 바닥의 무늬가 같은 모양끼리 묶어서 게임 보드에 한줄로 놓아둡니다.
3. 비밀 카드는 잘 섞은 후 티키 그림이 보이지 않게 뒤집어 쌓아두고 각자 한 장씩 갖고 가서 자신만 봅니다.
4. 액션 카드를 사용하여 자신의 비밀 카드에 나와있는 티키상 순서대로 게임 판에 놓아야 점수를 획득합니다.

☆ 2명이 게임을 진행할 때에는 액션 카드 7장, 3~4명이 게임을 진행할 때에는 'TIKI UP 1'카드 한 장을 제외한 6장을 사용해요.

② 게임 진행

1. 게임은 선플레이어를 정하고 시계 방향으로 진행이 됩니다.
2. 자신의 차례에 가지고 있는 액션 카드 1장을 사용하여 티키상을 움직입니다.
   - TIKI UP 1~3 카드: 카드 숫자 만큼 내가 원하는 티키상을 위로 올립니다.
   - TIKI TOPPLE 카드: 내가 원하는 티키상을 제일 아래로 내립니다.
   - TIKI TOAST 카드: 게임 보드 제일 아래 티키상을 제거합니다.
3. 사용한 액션 카드는 뒤집어 놓습니다.

☆ **내가 가진 액션 카드와 게임 보드 위에 놓여진 티키상 배치를 보고 절차적으로 사고하여 전략을 세울 수 있도록 안내해요.**

③ 게임 종료

- **점수 계산 예:** 9+2=11점

1. 모든 사람들이 가지고 있던 액션 카드를 다 사용하거나 게임 보드 위에 티키상이 3개 남으면 라운드가 종료됩니다.
2. 가장 상위 티키상 3개를 기준으로 자신의 비밀 카드와 비교하여 점수를 계산합니다.
   - 비밀카드 첫 번째 색과 같은 티키상이 1번 자리에 있으면 9점
   - 비밀카드 두 번째 색과 같은 티키상이 1~2번 자리에 있으면 5점
   - 비밀카드 세 번째 색과 같은 티키상이 1~3번 자리에 있으면 2점
3. 이번 라운드 점수만큼 자신의 게임 말을 게임 보드 점수판에 따라 이동시킵니다.
4. 티키상을 다시 한 줄로 게임판 위에 세팅하고 새로운 비밀 카드를 한 장씩 받습니다.
5. 액션 카드를 다시 준비하고 첫 번째 게임자 다음 사람부터 다음 라운드를 진행합니다.

☆ **3~5명이 게임을 진행할 때 게임 인원과 같은 수의 라운드를 진행하여 최종 합계 점수가 가장 높은 사람이 티키마스터!**

수업에 도움이 되는 이야기

- 인물 중심 복습 활동으로 수업 시간에 학습한 단어와 설명 내용을 아래와 같이 준비합니다.

  (제시된 티키토플 활동지 양식 수정하여 활용)

  예 5학년 사회 1단원 '옛사람들의 삶과 문화'

- 티키상 → 단어, 미션카드 → 설명

- 기존 규칙과 동일하게 게임 진행합니다.

빈 카드 양식 활용하는 방법

빈 카드 양식을 바로 내려받을 수 있는 QR 코드 →

※ 두꺼운 A4 사이즈의 종이에 단면인쇄 하는 것을 추천합니다.

다양한 수업 활용 주제 예시

- 사회 5~6학년 - 역사적 인물
  - ↳ 역사 관련 단원에서 인물 중심 복습 활동으로 활용 가능
- 과학 전 학년 - 개념 학습
  - ↳ 개념어-설명 복습 활동으로 활용 가능
- 영어 3학년 - What Color Is It?
  - ↳ 티키상 색을 영어로 말하며 게임 진행
- 실과 6학년 - 절차적 사고란?
  - ↳ 절차적 사고 학습 이후 적용 활동(언플러그드)

교육적 효과

- 보드 위의 공간을 잘 활용해야 하는 게임이기 때문에 공간 지각 능력을 향상시키고, 공간 내 물체의 위치와 관계를 이해하는 능력을 기르는 데 도움이 됩니다.
- 학생들은 게임 중 다양한 선택을 해야 하며, 이를 통해 결정 능력을 기를 수 있습니다. 어떠한 결정이 합리적인지 생각하는 과정을 통해 사고력 또한 증진시킬 수 있습니다.
- 학생들이 전략을 세우고 계획을 실행해야 하는 게임이기 때문에 논리적 사고와 전략적 계획 능력을 발전시키는 데 도움이 됩니다.
- 게임 내 발생하는 다양한 상황과 도전에 직면하면서 문제 해결 능력이 향상됩니다. 플레이어는 최적의 움직임을 찾기 위해 여러 가지 전략을 시도하고, 실패와 성공을 통해 문제 해결 방법을 배울 수 있습니다.
- 게임의 진행 상황에 따라 전략을 바꾸어야 하는 경우가 많기 때문에 인지적 유연성이 요구됩니다. 이는 다양한 상황에 빠르게 적응하고 새로운 해결책을 찾아내는 능력을 발전시킬 수 있습니다.

마

창의적 사고력을 기르는 보드게임

(창체)

피라미드 속 보물의 위치를 기억해라!

람세스

국어 | 수학 | 사회 | 과학 | 영어 | 음악 | 미술 | 체육 | 도덕 | 실과 | 창체

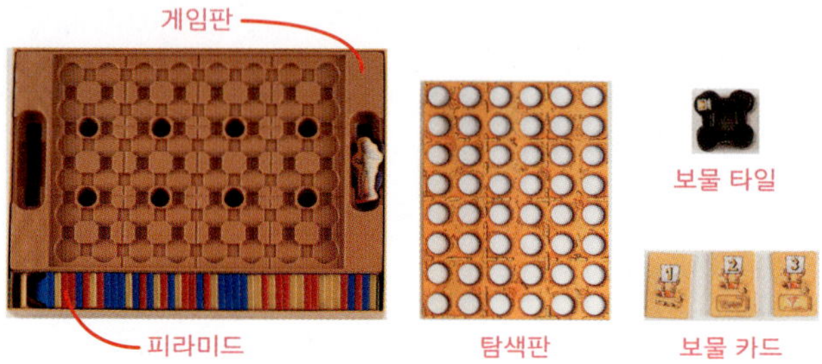

게임 방법

1 게임 준비

1. 한 모둠은 4~5명으로 구성합니다.
2. 보물 타일 12개를 게임판에 무작위로 끼우고 탐색판을 덮어줍니다.
3. 보물 카드(1, 2, 3)를 종류별로 각각 섞어 1→3 순서가 되도록 더미를 쌓아둡니다.
4. 탐색판 위에 피라미드를 올려줍니다.
5. 피라미드를 다 배치하면 하나의 빈칸이 생기는데 여기엔 보물이 있지 않도록 배열합니다.
6. 첫 번째 플레이어를 정하고 시계 방향으로 진행합니다.
7. 보물 카드 1장을 뒤집어 공개합니다.
8. 피라미드를 움직여 공개된 보물을 찾습니다.

② 게임 진행

1. 어떤 보물 하나가 보일 때까지 피라미드를 1개씩 이동시킵니다.
2. 카드와 같은 보물을 찾았다면 카드를 얻고, 다른 보물을 찾았다면 차례를 마칩니다.

☆ **보물 카드 2부터는 특수 행동이 그려져 있어요, 카드를 펼치기 전 특수 행동을 먼저 처리해요.**

- : 게임 상자를 90도 회전시켜요.
- : 돌아가면서 피라미드를 1칸씩 옮겨요.(앞사람이 움직인 방향 반대로 왔다갔다는 불가능) 어느 보물이라도 먼저 찾는 플레이어는 자신의 카드 1장을 오른쪽 플레이어에게 주어야 해요.
- : 피라미드를 한 번에 여러 개 이동시킬 수 있어요. (직선으로만)
- : 현재 플레이어와 다음 플레이어는 카드를 1장씩 걸어요. (서로 다른 보물 카드) 상대의 보물을 먼저 찾는 플레이어가 결투에 나온 카드 두 장을 모두 가져요.

③ 게임 종료

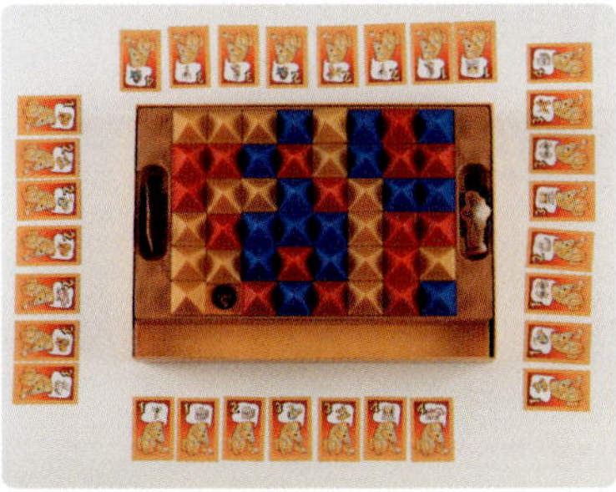

1. 마지막 보물 카드의 주인이 가려지면 게임을 종료합니다.
2. 그동안 모은 보물 카드의 점수를 비교하여 가장 많은 점수를 얻은 플레이어가 승리합니다.

수업에 도움이 되는 이야기

문제 변형

- 문제 만들기 예시를 보여주고 학생들이 직접 문제(+그림)와 답을 제작하게 하면 수업 준비 시간은 단축되고 학생의 자기주도 학습 능력은 향상시킬 수 있습니다.

- 문제 변형 방법
  1) 빈 보물 카드 양식을 활용하여 출제할 문제의 정답들을 적습니다.
  2) 빈 보물 타일 양식을 교사가 그림 파일 또는 문제 제시 후 출력 / 학생들이 직접 문제 제작 2가지 방식으로 활용할 수 있습니다.

빈 보물 카드 및 타일 양식을 바로 내려받을 수 있는 QR 코드 →

※ 보물 타일 양식은 A4 용지 출력을 권장합니다.

(두꺼운 종이 출력 시 탐색판이 제대로 덮어지지 않을 수 있습니다.)

다양한 수업 활용 주제 예시

- 수학 6학년 - 원의 넓이 / 원의 넓이를 구하는 방법을 알아볼까요?

  ↳ 보물 타일, 보물 카드 대신 빈 카드 양식 활용 문제 - 답 만들기

  ↳ 다른 학년 다른 주제 위와 같은 방식으로 모두 적용 가능!

- 영어 전 학년 단어학습

교육적 효과

- 게임 보드가 미로 형태로 구성되어 있어 플레이어는 공간 내에서 자신의 위치와 목표 지점의 위치를 파악하고, 최적의 경로를 찾기 위해 공간 인지 능력을 발휘해야 합니다. 이는 시각적-공간적 사고 능력을 강화시킵니다.
- 미로를 탐색하고 보물을 찾는 과정에서 논리적 사고와 문제 해결 능력을 요구합니다. 플레이어는 주어진 단서를 바탕으로 전략을 세우고, 퍼즐을 해결해야 합니다.
- 게임 중에 플레이어는 보물의 위치와 미로의 구조를 기억해야 합니다. 이 과정에서 자연스럽게 단기 기억력과 장기 기억력을 모두 사용하게 됩니다.
- 게임을 진행하면서 플레이어는 여러 가지 수학적 개념을 접하게 됩니다. 예를 들어, 이동 횟수를 계산하거나, 보물의 위치를 파악하는 과정에서 수리적 사고를 훈련할 수 있습니다.

내가 진실을 말하고 있을까? 거짓을 말하고 있을까?

바퀴벌레 포커 로얄

국어 | 수학 | 사회 | 과학 | 영어 | 음악 | 미술 | 체육 | 도덕 | 실과 | 창체

7종류의 동물 카드

게임 방법

※ 내용 이해를 돕기 위해 게임 방법 설명에 사람 이름을 넣었습니다!

1 게임 준비

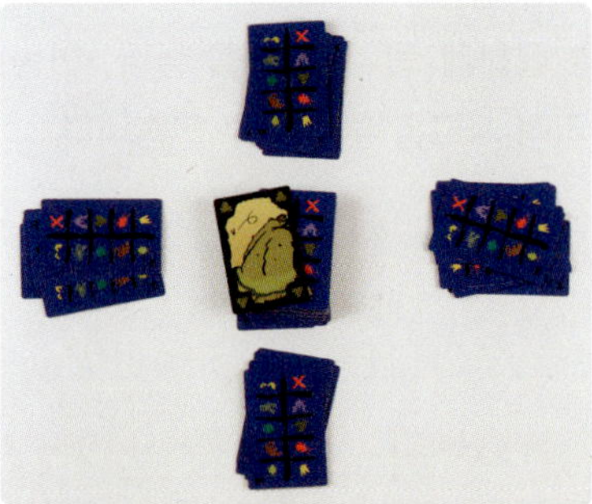

1. 카드를 모두 잘 섞은 뒤, 그중, 7장을 뽑아 앞면이 보이지 않게 한곳에 쌓아둡니다.

2. 쌓아둔 카드 더미 맨 위의 한 장은 더미 위에 펼쳐 놓습니다.

3. 남은 카드는 모두에게 같은 장수만큼 나누어 줍니다.

4. 나누고 남은 카드가 있으면 첫 번째로 차례를 시작하는 사람에게만 한 장을 줍니다. 그렇게 했는데도 남는 카드가 있다면 남은 카드는 벌칙 카드 더미 맨 밑에 둡니다.

2 게임 진행 (1)

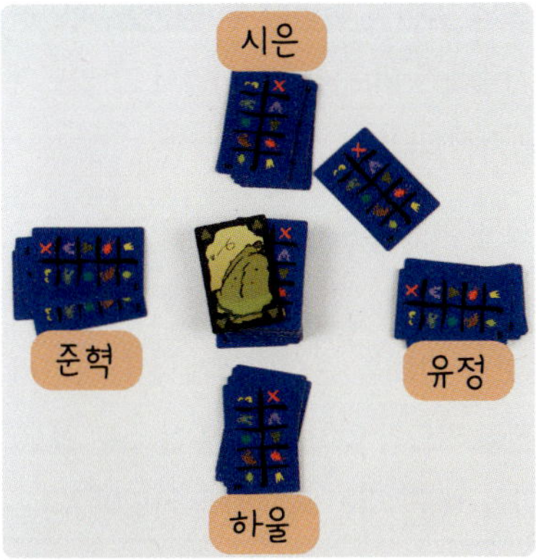

1. 시작 플레이어는 손에 든 카드 중 한 장을 골라 앞면이 보이지 않게 원하는 플레이어에게 주면서 〈어떤 동물 카드〉라고 주장합니다.

2. 그 카드에 실제로 어떤 동물이 그려져 있든 〈노린재, 바퀴벌레, 박쥐, 파리, 두꺼비, 쥐, 전갈〉 중 한 가지라고 주장하면 됩니다.

   예 유정이의 차례입니다. 유정이가 손에서 카드 한 장을 뽑아 시은이에게 앞면이 보이지 않게 건네며 "이건 전갈이야."라고 말합니다. 이제 유정이는 다음 둘 중 한 가지 행동을 할 수 있습니다.

☆ **왕 카드도 존재하지만 학생들이 이 게임에 숙달될 때까지는 왕 카드도 기존 동물으로만 생각해서 게임을 진행해요.**

3 게임 진행 (2)

▶ 카드 공개하기

1. 유정이로부터 카드를 받은 시은이는 카드를 공개하기로 합니다.

2. 하지만 카드를 공개하기 전에 유정이의 주장이 '참'인지 '거짓'인지를 판단해야 합니다.
   - 참이라고 생각하면 "이건 전갈이 맞아."라고 말합니다.
   - 거짓이라고 생각하면 "이건 전갈이 아니야."라고 말합니다.

3. 이렇게 먼저 유정이의 주장이 참인지 거짓인지 판단하고 나서 카드를 공개합니다.

4. 시은이의 판단이 맞았다면 유정이는 시은이에게 주었던 카드를 가져와 자기 앞에 앞면으로 펼쳐 놓습니다.

5. 반대로 시은이의 판단이 틀렸다면 카드는 시은이 앞에 펼쳐 놓습니다.

6. 자기 앞에 카드를 놓은 플레이어가 다음 시작 플레이어가 됩니다.

④ 게임 진행 (3)

준혁이가 카드 공개하기 행동을 했다면, 준혁이 차례에서 턴이 끝납니다. 하지만, 준혁이가 카드 전달하기 행동을 했다면 하울이는 4번째 차례이자 마지막 차례이므로 무조건 카드 공개하기를 해야 합니다.

▶ 카드 전달하기

1. 카드를 공개하지 않고 다른 사람에게 전달하기로 했다면 시은이는 혼자만 카드의 앞면을 확인한 뒤 앞면을 확인하지 않은 사람 중 한 사람에게 카드를 전달하면서 그 카드가 〈어떤 동물 카드〉라고 주장합니다.
2. 이때 마찬가지로 진실을 말할 수도 있고 거짓을 말할 수도 있습니다.

   예 예를 들어 시은이는 카드를 준혁이에게 전달하면서 "유정이 말대로 전갈 카드가 맞아."라고 말할 수도 있고, "유정이가 거짓말을 했군, 이건 바퀴벌레 카드야."라고 말할 수도 있습니다.
3. 이렇게 카드를 받은 준혁이는 다시 "카드 공개하기" 또는 "카드 전달하기" 행동 중 하나를 선택합니다.
4. 카드를 받은 플레이어들이 모두 "카드 전달하기" 행동을 선택하여 카드 앞면을 확인하지 않은 플레이어가 한 명만 남게 되면 이 마지막 플레이어는 더는 카드를 전달하지 못하고 반드시 "카드 공개하기"를 선택하여 참인지 거짓인지를 판단해야 합니다.

⑤ 게임 종료

1. 누군가 자기 앞에 한 종류의 동물 카드 4장을 모았거나 자기 차례가 되었을 때 상대에게 줄 카드가 한 장도 없을 때 게임이 끝납니다.
2. 그 플레이어가 게임에서 패배하고 나머지 플레이어는 모두 우승합니다.

☆ 한 사람만 너무 공격하지 않도록 사전에 안내해요.

수업에 도움이 되는 이야기

주제 카드 앞면과 뒷면 내용을 변경

▶ 카드를 활용하고 싶은 주제를 정하고 해당 주제의 단어를 쭉 정리합니다. 정리한 단어를 빈 주제카드 틀에 적습니다. 그리고 단어를 가장 잘 나타내주는 그림도 함께 그립니다.

(예) 6학년 과학 지구와 달의 운동

↳ 초승달, 상현달, 달, 태양, 하현달, 보름달, 그믐달, 별자리, 사자자리, 페가수스자리, 거문고자리 등

▶ 6학년 과학 중 초승달, 상현달, 보름달, 하현달, 그믐달의 명칭과 달의 모양을 어려워하는 학생들에게 복습 기회를 제공할 수 있습니다. 그 단원의 다양한 단어들도 합쳐서 카드를 만들게 되면 총괄 정리에 응용할 수 있습니다.

(예) 4학년 영어 What Day Is It?

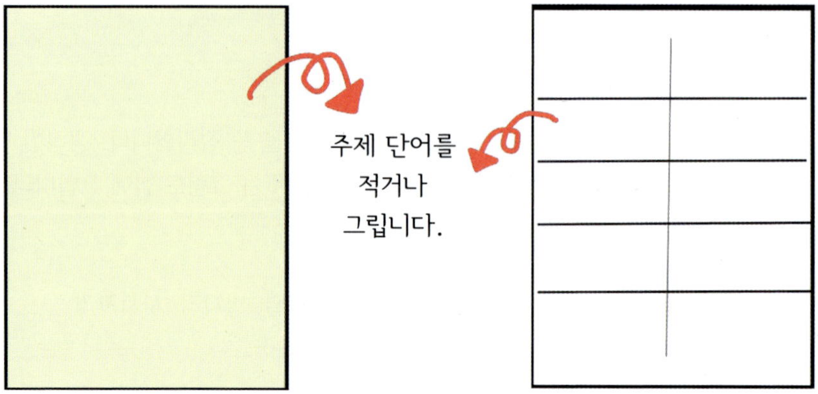

빈 카드 양식 활용하는 방법

1) 빈 카드를 컴퓨터로 편집하여 프린트 후 바로 사용하는 방법
2) 빈 카드 자체를 편집 없이 프린트 후 코팅하여 매직으로 문제 카드를 작성하는 방법
→ 해당 방법을 사용하면 아이들이 직접 문제 카를 만들 수 있어 복습 효과가 높아집니다.

빈 카드 양식을 바로 내려 받을 수 있는 QR 코드 →

※ 두꺼운 A4 종이에 양면 인쇄하는 것을 추천합니다.

규칙 변형

- 잘하는 학생들의 경우 그 대상의 특징까지 이야기하면서 내라고 하면 단어 명칭과 함께 특징도 복습할 수 있습니다.

  예 이건 불이 잘 타도록 도와주는 산소 카드야!

유의 사항

- 한 사람만 몰아가지 않게 게임 시작 전에 안내해야 하며, 순회 지도할 때도 계속 강조해야 합니다.
- 카드를 다른 사람에게 전달할 때 카드의 앞면이 보이지 않도록 유의하며 전달합니다.

다양한 수업 활용 주제 예시

- 과학 6학년 - 여러 가지 기체
  ↳ 산소, 이산화탄소, 헬륨, 질소, 수소
- 영어 4학년 - What Day Is It?
  ↳ Sunday, Monday, Tuesday, Wednesday, Thursday, Friday, Saturday

교육적 효과

- 게임 중에 교환된 카드와 이전 턴에서 나온 정보를 기억하고 분석하는 과정에서 기억력과 정보 처리 능력이 강화됩니다.
- 위험을 감수하고, 이익과 손실을 계산하여 최적의 선택을 하는 능력을 필요로 합니다. 이는 플레이어가 위험을 관리하고, 불확실한 상황에서 최적의 결정을 내리는 능력을 기르는 데 도움이 됩니다.
- 게임 중 플레이어는 자신의 의도를 숨기거나, 상대방을 설득하여 특정 행동을 유도해야 합니다. 이 과정에서 자연스럽게 커뮤니케이션 능력과 설득력이 향상됩니다. 이는 대인관계와 협상 상황에서 유용한 기술입니다.
- 게임에서 플레이어는 상대방의 진술을 믿을지, 속임수를 간파할지 신속하게 결정해야 합니다. 이 과정에서 다양한 가능성을 고려하고 전략을 세우는 능력이 발달 됩니다. 이는 일상생활에서 중요한 의사결정 능력과 전략적 사고를 기르는 데 도움이 됩니다.
- 이 게임의 핵심은 다른 플레이어의 행동을 관찰하고 그들의 의도를 파악하는 것입니다. 이를 통해 플레이어는 상대방의 표정, 몸짓, 말투 등을 세밀하게 관찰하고 분석하는 능력을 기르게 됩니다. 이는 심리적 통찰력과 관찰력을 향상시키는 데 도움이 됩니다.
- 게임 중 긴장된 상황에서 침착함을 유지하고, 감정을 통제하는 능력이 필요합니다. 이는 정서적 통제력과 스트레스 관리 능력을 기르는 데 도움이 됩니다.
- 상대방의 말을 논리적으로 분석하고, 그들의 행동을 판단하는 과정에서 논리적 사고와 판단력이 요구됩니다. 이는 논리적 사고력과 비판적 사고력을 강화하는 데 도움이 됩니다.

거짓과 진실 사이 진실을 찾기!

비얍비얍

국어 | 수학 | 사회 | 과학 | 영어 | 음악 | 미술 | 체육 | 도덕 | 실과 | 창체

문제 카드
120장

정답 토큰
(A, B, C,비얍)*8세트

몽구스 말
1개

역할 토큰

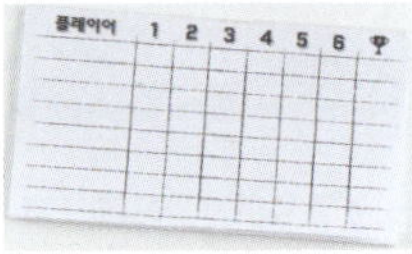

점수 기록지

게임 방법

1 게임 준비

플레이어수	4	5	6	7	8
평범한 사람	1	2	2	3	3
비얍	2	2	3	3	4
솔직한 몽구스	1	1	1	1	1

1. 6라운드 동안 최대한 많은 점수를 모아야 합니다.
   주어진 문제의 정답을 맞히면 점수를 얻습니다. 하지만, 당신이 비얍(뱀)이라면, 정답을 맞히지 못한 사람이 많을수록 더 많은 점수를 얻습니다. 비얍은 다른 사람들을 잘못된 답으로 유인하는 것에 유리합니다.
2. 점수 기록지에 플레이어의 이름을 차례로 적습니다. 모두에게 'A, B, C, 비얍'으로 구성된 정답 토큰 1세트씩을 나눠줍니다.
3. 옆의 표를 게임에 참여한 플레이어 수에 따라 알맞은 수의 역할 토큰을 준비합니다.

☆ **남은 역할 토큰과 정답 토큰, 점수 기록지는 전부 게임 상자로 돌려놓아요.**

② 게임 진행 (1)

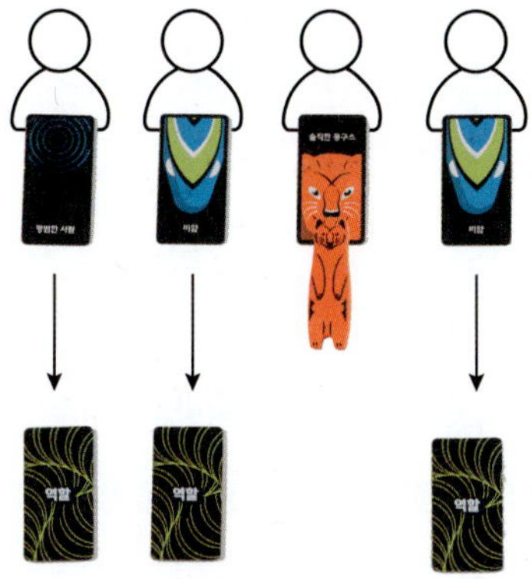

역할 정하기

1. 매 라운드 시작 시, 역할 토큰을 잘 섞어 각 플레이어에게 무작위로 1개씩 뒷면으로 나누어 줍니다.
2. 각 플레이어는 토큰 앞면에 적힌 역할을 자기만 몰래 확인합니다.
3. 만약 자신의 역할이 '솔직한 몽구스'라면 즉시 역할 토큰을 뒤집고, 솔직한 몽구스 말을 가져와 자기 앞에 잘 보이게 놓습니다.

☆ 솔직한 몽구스는 거짓말을 하지 않는, 언제나 믿을 수 있는 존재예요.

③ 게임 진행 (2)

1. 사회자를 비롯해 모두 눈을 감습니다.
2. 모두 눈을 감았다면, 사회자는 문제 카드를 뒤집어 정답을 공개합니다.
3. 사회자가 "비얍, 눈을 뜨세요."라고 말합니다. (사회자가 비얍이라면 사회자도 눈을 뜹니다.)
4. 비얍이 정답을 확인할 수 있도록 약 5초 정도의 시간을 줍니다. 모든 비얍이 정답을 충분히 확인한 것 같다면, 사회자가 "비얍, 눈을 감으세요."라고 말합니다.
5. 사회자는 다시 정답을 보이지 않도록 문제 카드를 뒤집고, "모두 눈을 뜨세요."라고 말합니다.

문제 카드 뽑기

1. 사회자는 문제 카드 1장을 뽑아 탁자 한가운데에 놓습니다. 이때 자신을 포함한 그 누구도 문제 카드의 뒷면을 보지 않도록 주의해서 카드를 가져와야 합니다. 문제 카드의 뒷면에는 정답이 적혀 있습니다. (사회자도 게임에 참여합니다.)
2. 이제 모든 플레이어는 사회자의 지시에 따라 왼쪽의 다섯 단계를 순서대로 진행합니다.
3. 이제 비얍들은 정답과 곳곳에 숨은 자신의 동료들을 알게 되었습니다.

이야기 나누기

1. 전자기기를 이용해 2분 타이머를 설정합니다.
2. 2분 동안 모두 다 함께 주어진 문제의 답이 무엇인지 자유롭게 이야기를 나누면 됩니다.

• 문제의 정답이 B일때

예

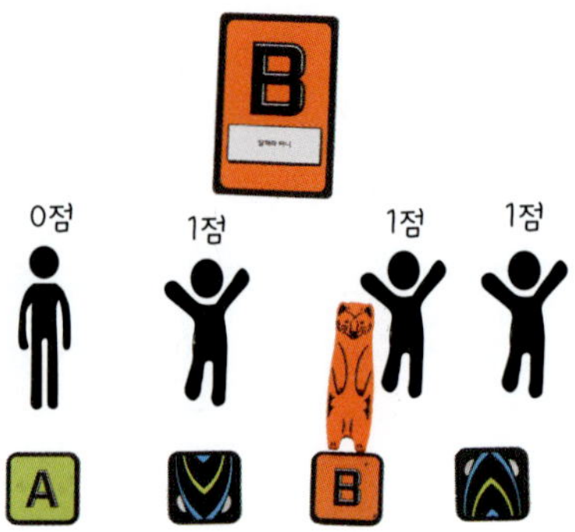

답 선택하기

1. 2분이 지났다면, 평범한 사람과 솔직한 몽구스는 A, B, C 중 자신이 정답이라고 생각하는 답 하나를 고르고 해당하는 정답 토큰을 자기 앞에 뒷면으로 놓습니다. 비얌은 반드시 비얌 토큰을 골라 뒷면으로 놓아야 합니다.
2. 모두가 정답 토큰을 골랐다면, 동시에 토큰을 뒤집어 공개합니다.
3. 사회자가 문제 카드를 뒤집어 정답을 공개합니다.
4. 평범한 사람, 혹은 솔직한 몽구스가 올바른 답을 맞혔다면 그 사람은 정답을 맞힌 플레이어 수만큼 점수를 얻습니다. (자기 자신 포함) 답을 맞히지 못했다면 점수를 얻지 못합니다.
5. 비얌은 정답을 맞히지 못한 플레이어 수만큼 점수를 얻습니다.

4 게임 종료

1. 점수 기록지에 각자의 점수를 기록했다면 새 라운드가 시작됩니다. 역할 토큰을 전부 모아 잘 섞은 후 다시 나누어 주고, 사회자는 새 문제 카드를 공개합니다.
2. 6라운드까지 마친 후, 가장 많은 점수를 얻는 플레이어가 승리합니다.

Icon made by Freepik from www.flaticon.com

수업에 도움이 되는 이야기

문제 카드 앞면과 뒷면의 내용을 변경

▶ 새로 배우는 단원과 관련하여 반 친구들이 잘 모를 것 같은 주제와 답을 스마트기기를 활용하여 찾습니다. 찾은 주제와 답을 활용하여 문제와 정답을 만들고 빈 문제 카드 양식에 적습니다.

예 4학년 미술 여러 가지 재료와 표현

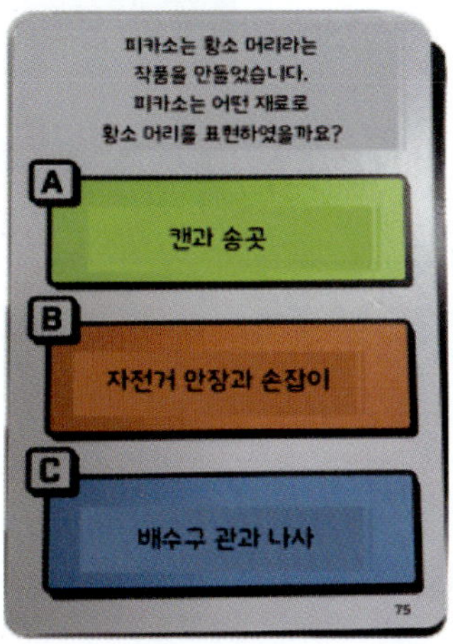

예 4학년 사회 우리가 알아보는 지역의 역사

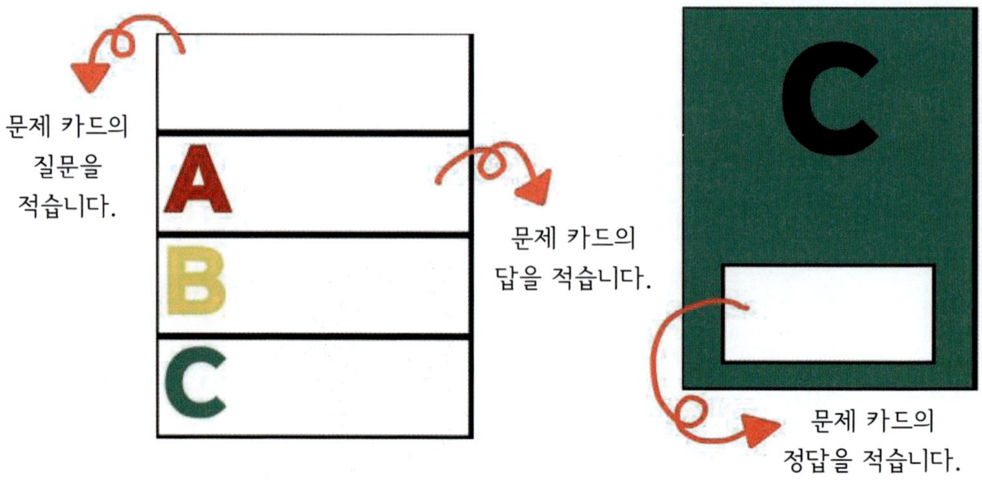

- 빈 카드 양식 활용하는 방법
  1) 빈 문제 카드를 컴퓨터로 편집하여 프린트 후 바로 사용하는 방법
  2) 빈 문제 카드 자체를 편집 없이 프린트 후 코팅하여 매직으로 문제 카드를 작성하는 방법
  ↳ 해당 방법을 사용하면 아이들이 직접 문제 카드를 만들 수 있어 복습 효과가 높아집니다.

문제 카드 양식을 바로 내려 받을 수 있는 QR 코드 →
※ 두꺼운 A4 종이에 양면 인쇄하는 것을 추천합니다.

유의사항

- 자신의 역할이 '평범한 사람' 또는 '비얌'이라면, 절대로 역할을 공개하지 않습니다. 또한, 솔직한 몽구스는 자신의 생각 혹은 진실만 말해야 합니다. 거짓을 말하게 되면 솔직한 몽구스의 말을 믿는 평범한 사람들이 헷갈릴 수 있습니다.
- 토론의 규칙을 지켜서 참여합니다. 토론을 할 때에는 상대방의 의견을 비난하거나 이야기 발언권을 독점하지 않고 모두가 이야기를 할 수 있도록 합니다.
- 비얌은 꼭 답을 선택할 때 비얌 카드를 내야 합니다. 헷갈리지 않도록 사전에 안내합니다.

다양한 수업 활용 주제 예시

- 사회 4학년 - 우리가 알아보는 지역의 역사

  ↳ 은산 별신제, 경복궁, 강강술래, 익산 미륵사지 석탑, 경주 문무대왕릉, 강릉 단오제, 보은 법주사 쌍사자 석등, 하회 별신굿 탈놀이, 양산 통도사, 고인돌, 석굴암, 종묘, 불국사

- 음악 4학년 - 지역 축제를 찾아서

  ↳ 정선 아리랑제, 안동 국제 탈춤 페스티벌, 전주 세계 소리 축제

- 미술 6학년 - 미술사조

  ↳ 현대 미술, 낭만주의, 인상주의, 르네상스, 팝 아트

교육적 효과

- 게임 중 다양한 카드와 상황을 빠르게 인지하고 적절히 대응해야 하기에, 인지 능력과 집중력이 강화됩니다. 이는 학습 및 작업에서의 집중력 향상에 긍정적인 영향을 미칩니다.
- 비얌비얌은 빠르게 변하는 게임 상황에 신속하게 반응해야 하므로, 플레이어의 순발력과 반응 속도를 향상시키는 데 도움이 됩니다. 이는 일상생활에서의 빠른 의사결정 능력을 키우는 데 유용합니다.
- 상대방의 움직임을 예측하고 이에 맞춰 전략을 세우는 과정에서 전략적 사고 능력이 향상됩니다. 이는 계획적이고 체계적인 사고를 기르는 데 기여합니다.
- 비얌비얌은 다수의 플레이어와 함께 진행되며, 이를 통해 자연스럽게 사회적 기술과 의사소통 능력이 발달됩니다.

협력을 통한 순서 맞히기!

탑텐TV

국어 | 수학 | 사회 | 과학 | 영어 | 음악 | 미술 | 체육 | 도덕 | 실과 | 창체

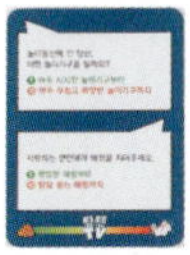

양면 주제 카드(총 100장)

숫자카드
10장(1~10)

게임판 1개

플라스틱 토큰 8개
(토큰 양쪽이 각각 유니콘, 똥 모양

게임 방법

① 게임 준비

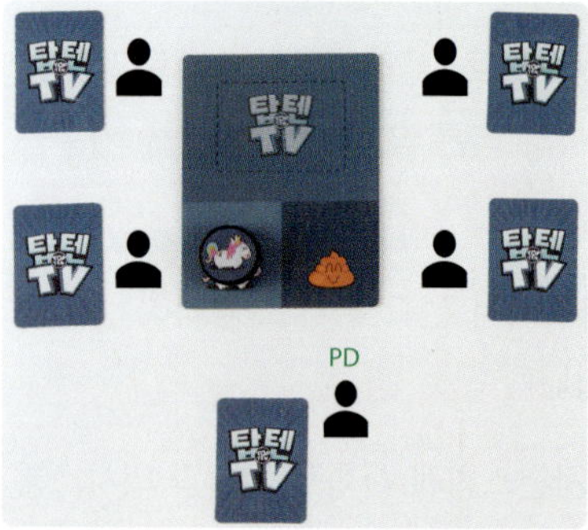

1. 게임을 진행하는 사람을 'PD'라고 부릅니다. PD를 정하고 한 게임이 끝나면 시계 방향으로 다음 사람이 PD가 됩니다.
2. PD는 카드 더미에서 주제카드 한 장을 뽑고 카드에 있는 앞뒤 4개의 주제 중 원하는 주제를 골라 크게 읽어줍니다.
3. 주제를 읽어준 후 PD는 1부터 10까지의 비밀 숫자 카드를 잘 섞은 후, 자신을 포함해 각 플레이어에게 숫자가 보이지 않게 1장씩 나눠줍니다.
4. 플레이어들은 다른 사람이 볼 수 없도록 조심스럽게 자신의 숫자를 확인합니다.

☆ 나눠주고 남은 숫자 카드는 안 보이는 상태로 치워 놓아요.

☆ 난이도를 쉽게 하고 싶으면 1부터 10까지의 카드가 아닌 1부터 (인원수+2~3)까지의 숫자를 사용하는 게 좋아요!

② 게임 진행 및 종료 (1)

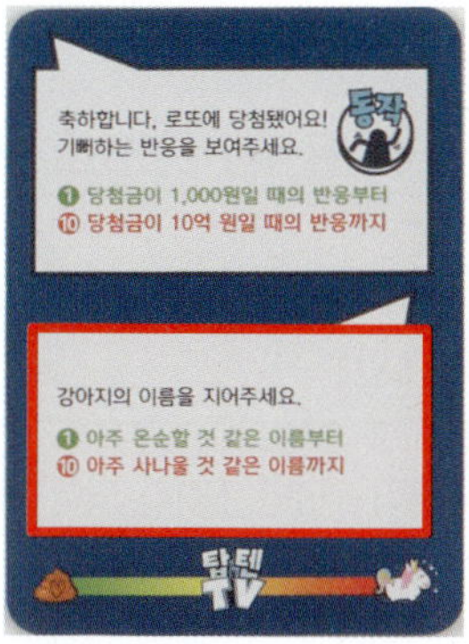

예

1 키티 ⟷ 5 백구 ⟷ 10 헬하운드

표현하기

1. PD를 포함한 모든 플레이어는 주제에 따라 자신의 비밀 숫자를 말이나 동작으로 표현합니다. PD부터 먼저 말이나 동작으로 표현하며, 시계 방향으로 순서대로 자기 숫자를 표현합니다.

   ↳ 다른사람의 숫자를 모르는 정보가 제한된 상태에서 눈치를 보며 자기 숫자에 맞는 표현을 찾아서 말합니다.

☆ 1이나 10과 같은 양쪽 극단에 있는 사람이 표현을 과감하게 해 주어야 다른 사람들이 순서를 판단하기가 편해요.

☆ 반드시 주제와 관련된 말이나 동작으로 숫자를 표현해야 해요.

☆ 카드에 적힌 숫자를 직/간접적으로 표현하지 않습니다.

③ 게임 진행 및 종료 (2)

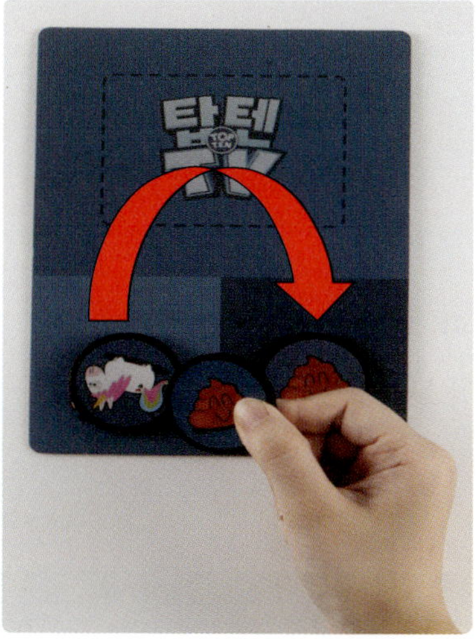

순서 맞히기

1. 모든 플레이어가 표현을 마치면 PD는 각 플레이어가 가진 숫자 카드를 추측하여 낮은 숫자부터 높은 숫자까지 순서대로 공개해야 합니다.

2. 가장 낮은 숫자를 가졌다고 생각하는 플레이어를 PD가 지명합니다. (자신도 선택 가능) 지명된 플레이어는 게임판 위에서 자기 숫자 카드를 공개하여 성공인지 실패인지 확인합니다.

   - 성공한 경우: 공개한 카드가 바로 전에 내려놓은 숫자보다 크면 성공입니다. 직전에 놓인 카드가 없는 경우도 성공하며 유니콘 토큰은 움직이지 않습니다.
   - 실패한 경우: 공개한 카드가 바로 전에 내려놓은 숫자보다 작으면 실패입니다. 게임판의 유니콘 칸에 놓인 토큰을 똥 그림면으로 뒤집어 똥 칸으로 옮깁니다.

	3. 성공 실패 여부에 상관없이 지금 내려놓은 숫자는 계속 열어 놓습니다. 다음 플레이어를 지명하여 다시 2번 과정을 수행합니다. 4. 모든 플레이어의 숫자 카드가 공개될 때까지 진행합니다. ★ PD가 플레이어를 지목할 때 다른 플레이어들은 말하거나 힌트를 주면 안 돼요!
④ 게임 종료 	1. PD의 다음 순서에 앉은 사람이 새로운 PD가 되어 게임을 다시 진행합니다. 2. 사용한 주제카드는 따로 빼놓도록 합니다. 3. 5라운드가 끝난 뒤, 유니콘 칸에 토큰이 남아있다면 플레이어들이 승리합니다.

수업에 도움이 되는 이야기

가치 수직선 활동

예 도덕 4학년 아름다운 사람이 되는 길

1) 아름다움과 관련된 단어 10가지를 빈 카드 양식에 적어 칠판에 붙입니다.
2) 반에서 술래 한 명이 나와서 10가지 단어 중 두 가지를 무작위로 빼고 자기가 생각하는 중요한 순서대로 배열한 후 뒤집어 놓습니다.
3) 반 친구들은 술래가 어떤 순서로 배치했을지 함께 순서를 맞혀봅니다.

다양한 수업 활용 주제 예시

- 창체 - 학기 초 모둠 구성 후 관계 맺기
- 수학 5학년 - 약분과 통분
  - ↳ 분수의 크기 비교에서 1이하의 다양한 분모의 분수들을 비교
- 과학 4학년 - 물체의 무게
  - ↳ 무게가 다른 여러 가지 물체를 비교
- 사회 5학년 - 역사적 순서
  - ↳ 역사적 사건들의 순서를 비교

교육적 효과

- 동작이나 말로 크기나 정도를 표현해야 하기 때문에 행동이나 언어 표현력이 풍부해집니다.
- 제한된 시간 안에 순서를 맞히거나 표현하는 과정에서 창의적 사고를 촉진시킬 수 있습니다.
- 규칙상 내가 8이라는 숫자를 뽑았을 경우 9나 10을 뽑은 사람이 있을 수도, 9나 10 카드가 버려졌을 수도 있습니다. 무작정 가장 큰 예시를 말할 수 없기 때문에 다른 사람의 표현을 경청하게 되고 주위 분위기를 살피며 행동하는 능력. 즉, 눈치보는 능력을 길러 줄 수 있습니다.
- 협동하여 순서를 맞추는 협력 게임이기 때문에 협동력을 키울 수 있습니다.
- 평소에 보지 못했던 친구의 다양한 표현을 통해 심적 거리를 좁히며 친해지는 기회가 될 수 있습니다.

책을 마치며

본 책을 통해 우리는 보드게임이 교육 현장에서 가지는 무한한 가능성과 잠재력을 탐구해 보았습니다. 경북놀이교과교육연구회의 수년간의 연구와 실제 적용 경험을 바탕으로, 보드게임이 단순한 즐길 거리를 넘어 수업에서도 활용할 수 있는 효과적인 교구가 될 수 있음을 확신했습니다.

보드게임을 활용한 수업은 학생들의 적극적인 참여를 유도하고, 흥미를 불러일으키며, 다양한 인지적·사회적 발달 능력을 자연스럽게 향상시킵니다. 이는 교육의 본질적 목표와 일치하며, 학생 활동 중심의 즐거운 학습 환경을 조성하는 데 큰 도움이 됩니다.

우리는 이 책을 통해 보드게임을 다양한 교과목에 어떻게 접목시킬 수 있는지, 그리고 어떤 교육적 효과를 얻을 수 있는지에 대해 구체적이고 실용적인 방법을 제시하고자 했습니다. 또한, 보드게임에 익숙하지 않거나 보드게임을 활용한 교육에 관심이 있는 모든 사람이 보드게임을 수업에 쉽게 적용할 수 있도록 구성하였습니다.

이제 여러분께 당부의 말씀을 드리고자 합니다. 이 책에서 제시한 방법들은 하나의 지침일 뿐, 완벽한 해답이 아닙니다. 교육 현장의 상황은 매우 다양하고 복잡하기 때문에, 여러분만의 창의성과 통찰력을 더해 각자의 교실에 맞는 독특한 방식을 개발해 나가시기 바랍니다.

우리는 이 책이 즐겁고 의미 있는 수업을 만들기 위해 고민하는 모든 교육 관련자들에게 새로운 패러다임을 제시하고, 영감을 불어넣어 각자만의 수업 방식을 찾아가는 데 도움이 되기를 진심으로 바랍니다.

보드게임을 통한 교육의 여정은 여기서 끝나지 않습니다. 이는 새로운 시작점일 뿐입니다. 여러분의 경험과 창의성, 그리고 학생들과의 상호작용을 통해 더욱 풍성하고 효과적인 교육 방법으로 계속해서 발전해 나갈 것입니다.

마지막으로, 이 책이 여러분의 교육 철학과 방법에 작은 변화라도 가져올 수 있기를 희망합니다. 그 변화가 모여 우리 교육의 미래를 밝히는 큰 빛이 되리라 믿습니다. 모든 교육자의 열정과 노력에 깊은 감사를 표하며, 여러분의 교육 여정에 행복이 함께하기를 기원합니다.

저자 소개

경북놀이교과교육연구회

보드게임이 가진 교육적 가치를 바탕으로 학생들의 학습 흥미를 이끌고 창의적 문제 해결 능력과 정서적 역량을 기를 수 있는 수업을 연구하는 선생님들의 모임입니다.

* EBS 교육대기획 대한민국, 교육이 희망이다 '클래스 UP! 교실을 깨워라' 〈수학에 흥미를 더하는 보드게임〉 출연
* 교육부, EBS - 전국 단위 수업, 평가 교사 연구회 선정

홍미영 (초등교사)

'놀이가 곧 배움'이라는 철학 아래, 학생들이 함께 성장하는 교실을 만들기 위해 보드게임의 교육적 활용 가능성을 연구하고 있습니다.

김자경 (초등교사)

학습이 즐겁고 의미 있는 경험이 되어야 한다는 생각을 바탕으로 보드게임을 활용한 학생 중심 교육을 실천하고 연구하고 있습니다.

윤재경 (초등교사)

초등학교 수업 현장에서 즐거움과 배움, 두 마리의 토끼를 동시에 사냥하는 수업 방법을 연구하고 있습니다. 현재는 보드게임에서 답을 찾고 있습니다.

박준영 (초등교사)

교실 속 보드게임을 통해 서로 다름을 이해하고, 나아가 보드게임 활용 수업 방안을 연구하며 학생 중심 수업을 추구하고 있습니다.

박원지 (초등교사)

'모든 학생들이 수업에 즐겁게 참여하는 방법은 무엇일까?' 고민하다 보드게임에서 힌트를 얻어 그 해답을 찾아 연구하고 있습니다.

장정인 (초등교사)

서로 다른 능력을 가진 학생들이 같은 수업에 각자 자신만의 시선으로 몰입할 수 있는 '보드게임을 통해 함께 성장하는 수업'을 연구하고 있습니다.

개정판

초등학교 선생님들이 만든
교실에서 바로 써먹는 보드게임 A-Z

초판발행 2025년 1월 10일
개정판발행 2025년 5월 15일

지은이 홍미영 · 김자경 · 윤재경 · 박준영 · 박원지 · 장정인
펴낸이 노 현

편 집 소다인
기획/마케팅 이선경
표지디자인 이영경
제 작 고철민 · 김원표

펴낸곳 ㈜ 피와이메이트
서울특별시 금천구 가산디지털2로 53, 210호(가산동, 한라시그마밸리)
등록 2014. 2. 12. 제2018-000080호
전 화 02)733-6771
f a x 02)736-4818
e-mail pys@pybook.co.kr
homepage www.pybook.co.kr
ISBN 979-11-7279-114-8 93370

정 가 20,000원

박영스토리는 박영사와 함께하는 브랜드입니다.